사장이 꼭 알아야 하는

30가지 노무 이야기

유튜버 최대표의 노무 특강

사장이 꼭 알아야 하는 30가지 노무 이야기

최종국 지음

한월북스

차례

프롤로그　　사장님! 직원들 노무관리 하셔야죠?　8

1부 첫 번째 노무 이야기
직원과 만남

01. 근로계약서, 꼭 써야 하나요?　16
02. 근로계약서에는 어떤 내용이 포함되나요?　20
03. 근로자(노동자)와 임의 합의가 가능한가요?　24
04. 4대보험은 모든 직원을 가입해 주어야 하나요?　28
05. 아르바이트도 최저임금을 꼭 주어야 하나요?　35
06. 수습기간에도 최저임금이 적용되나요?　38
07. 근로계약서를 포괄임금제로 작성해도 되나요?　41

2부 두 번째 노무 이야기
직원과 동행

08. 직원 5인 이상과 5인 미만에 차이가 있나요? 48
09. 최저임금 공고문, 꼭 붙여야 하나요? 51
10. 취업규칙은 꼭 있어야 하나요? 57
11. 주휴수당은 모든 직원에게 주어야 하나요? 61
12. 연장근무 수당은 어떻게 계산하나요? 65
13. 연장근무와 당직근무의 차이가 무엇인가요? 68
14. 식비는 꼭 지급해야 하나요? 71
15. 지각이나 조퇴가 3회 이상이면 결근 처리해도 되나요? 74
16. 모든 사업장이 52시간으로 근로시간 단축을 해야 하나요? 77
17. 연차휴가 사용촉진제도가 무엇인가요? 82
18. 연차휴가 대체 합의서가 무엇인가요? 85
19. 통상임금과 평균임금이 무엇인가요? 89
20. 두루누리 사회보험료 지원이 무엇인가요? 93
21. 우리 회사도 일자리안정자금을 받을 수 있나요? 97
22. 일자리안정자금 신청 시 보수 기준이 무엇인가요? 101
23. 성희롱예방교육을 꼭 해야 하나요? 104
24. 과태료와 벌금의 차이가 무엇인가요? 108
25. 근로감독이 나오면 무엇을 보나요? 111

3부 세 번째 노무 이야기
직원과 헤어짐

26. 노동청과 노동위원회는 다른 곳인가요? 118

27. 퇴직급여제도가 무엇인가요? 121

28. 퇴직금은 어떤 근로자(노동자)에게 지급하나요? 126

29. 퇴직금은 얼마를 주어야 하나요? 129

30. 해고 예고와 해고 통보는 무엇이 다른가요? 133

4부 OX 퀴즈로 풀어 보는
알쏭달쏭 노동법

- 사장이 꼭 알아야 하는 노동법 8가지

Q1. 근로계약서 141

Q2. 주휴수당 142

Q3. 임금/수당 계산 143

Q4. 가산수당 144

Q5. 세금문제 145

Q6. 사회보험(4대보험) 146

Q7. 해고 예고   147

Q8. 퇴직금   148

에필로그   사장님이 쉽고 편하게 읽을 수 있는 노무 이야기   150

 사업장에 꼭 필요한 노무서식 8가지

1) 표준근로계약서(5종)   156
2) 표준취업규칙(2019. 3. 21. 기준)   165
3) 최저임금 공고문   171
4) 퇴직금 중간정산 신청서   174
5) 사직서   175
6) 해고 통보서   176
7) 성희롱예방교육 일지/참석자 명단   177
8) 장애인인식개선교육 일지/참석자 명단   179

 최근 변경 노무제도 요약정리표   181

프롤로그

"사장님! 직원들 노무관리 하셔야죠?"

"사장님! 직원들 노무관리 하셔야죠?"
"노무관리요? 그건 퇴사하면서 혹시 신고하는 직원이 있으면, 그때 처리해 주면 되지 않나요? 요구하면 그때 보너스 좀 더 주면 그만 아닌가요?"

10여 년 전 어느 회사 사장님과 나눈 대화의 일부입니다. 그럼 현재는 어떤가요? 아직도 회사 경영에서 노무관리는 뒷전인가요? 10여 년이 지난 지금, 노무에 대한 관심은 더욱 커져서, 이제는 누구도 등한시하거나 대충 처리하면 되는 일로 보지 않습니다. 당연히 앞으로도 사업주의 관심사 중에 큰 부분을 차지할 것입니다.

그렇다면 사장님은 어떤 노동법, 노무관리가 가장 궁금하신가요?

퇴직금, 최저임금, 주휴수당, 연차휴가, 근로계약서, 성희롱예방교육, 연장근무, 야간근무, 휴일근무 등 어떤 것이 궁금하신가요?

현장에서 만난 사업주들이 가장 궁금해했던 내용, 또 많은 질문을 받고 상담을 진행했던 사례를 노무 Q&A 형식으로 엮었습니다. 각 Q&A마다 핵심포인트 해설을 수록하여 해당 질문에 대한 답을 한눈에 파악할 수 있도록 하였습니다.

중간중간 간단한 서식과 표를 삽입하여 이해에 도움이 되도록 하였습니다. 더불어 알쏭달쏭한 노동법 OX 퀴즈를 통해, 사업주가 꼭 알아야 하는 노동법 8가지를 정리하였습니다. 추가로 사업장에 꼭 필요한 노무서식 8가지와 최근 변경 노무제도 요약정리표를 특별부록으로 수록했습니다.

노동법, 노무관리!

사업주에게 너무나도 중요한 일임에 틀림없습니다. 회사를 흥하게 할 수도, 망하게 할 수도 있는 중요한 분야입니다. 흔히 회사의 세무관리는 회계/세무사에게 기장대행을 맡겨서 작은 부분 하나까지도 관리하고 점검합니다. 그런데 노무관리는 상대적으로 소홀하게 생각해서, 직원이 문제를 제기할 때만 대응하면 된다고 말씀하시는 경우가 종종 있습니다.

아무래도 세무관리는 회사의 자금, 즉 돈과 직결된다는 인식이 강하게 자리 잡고 있기 때문입니다. 하지만 노무는 사람과 사람의 문제일 뿐, 돈과는 크게 관계없다고 느끼는 것 같습니다. 그래서 당장 회사 경영에 큰 영향을 미치지 않는다고 생각하는 경향이 있는 듯합니다.

그동안 노무관리와 경영컨설팅을 하면서 상대적으로 뒷전이던 노무관리에 대한 인식이 계속해서 변화하는 과정을 지켜보았습니다. 예전에는 노무가 뭐냐고 하시던 사장님이 밤늦게 전화하여 도와 달라고 하고, 과거에는 상담을 거부하시던 사장님이 빨리 좀 상담하고 싶다고 찾아오는 일을 수없이 경험했습니다.

노무관리는 사업장에서 반드시 짚고 넘어가야 할 부분 중에 하나이며 중요성 또한 더욱 커질 것입니다. 법에 따라 제대로 정비해 두지 않으면 큰코다칠 일이 생길 여지가 충분한 부분입니다.

그렇다면 어렵게만 느껴지는 노동법, 노무관리를 쉽게 접하고 적용할 수 있는 방법은 무엇일까요? 저는 2018년 7월, 그동안 고심하고 또 고심하던 유튜브 1인 방송을 시작하기로 마음을 먹었습니다. '과연 내 영상을 시청해 줄 사람이 있을까? 좋아할까?' 등등 많은 고민 끝에 일단 시도해 보자는 마음으로 카메라 앞에 앉았습니다.

물론 수년간 사업주와 기업컨설턴트를 대상으로 교육을 해 오던 터라 강의에 대한 두려움은 없었습니다. 그런데 유튜브는 정해진 공간에서 진행하는 수강생과의 커뮤니케이션이 아닌, 불특정 다수를 향한 혼자만의 외침입니다. 지치지 않고 계속할 수 있을지

걱정도 됐습니다.

처음엔 제 선택을 후회하기도 했지만, 장점인 꾸준함을 살려 지속적으로 해 나갔습니다. 1년여가 흐른 2019년 10월 현재, 유튜브 평가지표라 할 수 있는 구독자 수는 3만 명을 넘었고, 그동안 촬영한 영상도 100편을 넘었습니다. (유튜브 "최대표TV" 참고)

저는 한 걸음 더 나아가 지금까지 촬영한 영상을 책으로 만들어 보고 싶은 마음에 사로잡혔습니다. 생각나는 대로 두서없이 말로 떠들던 내용을 글로 표현하고 정리하기로 마음먹고 쓰기 시작했습니다.

영상으로 설명한 노동법, 노무관리를 이제는 글로 쉽게 풀어서 설명해 보고자 합니다. 기존 노동법 관련 책들은 대부분 노동법률을 그대로 해설하는 법률 설명서에 가깝습니다. 저는 사장님이 편하게 읽고 바로 이해할 수 있는 책을 쓰고 싶었습니다.

사람은 누구나 만남과 헤어짐을 반복하며 살아갑니다. 사업주와 근로자(노동자)도 마찬가지입니다. 근로자(노동자)가 회사에 취직을 하는 사장님과의 만남에서부터 퇴사를 하는 헤어짐까지, 노무는 여타 인간관계와 다르지 않습니다. 직원을 채용하는 '만남'부터 직원이 퇴사하는 '헤어짐'까지의 과정 가운데 가장 핵심적인 "노무 이야기"를 이 책에 담았습니다. 더불어 법률 설명서 같은 딱딱한 느낌의 책이 아닌, 소설 스토리를 읽는 듯한 편안함으로 노동법을 접할 수 있게끔 썼습니다.

그동안 만난 사장님들에게 받은 많은 질문 중에 가장 관심이 가고 현장에서 바로 활용 가능한 내용을 쉽게 정리하였습니다. 사장님은 전문가에게 질문을 하고 답변을 듣는다는 느낌으로 책을 읽을 수 있을 것입니다.

첫째, 사장님의 눈높이에서 접근했습니다.

법을 전공한 사람은 극소수입니다. 변호사, 법무사, 행정사, 경영지도사, 세무사, 노무사 등 자격증 취득을 위한 법 공부를 하지 않은 사람은 법률용어 자체를 알기 어렵습니다. 직원을 고용하고 사업을 하는 사장님이라면 누구든지 쉽게 읽고 이해할 수 있도록 독자 눈높이에 맞춰 썼습니다.

둘째, 강의하는 느낌으로 내용을 전달하려 했습니다.

법은 딱딱하고 지루한 부분이 많습니다. 이를 강의장에서 수강생들이 이해하기 쉽게 설명하듯 글로 옮겨 보았습니다. 글을 천천히 읽다 보면 사장님은 어느새 그동안 궁금하고 답답하던 내용을 쉽게 이해하게 될 것입니다.

셋째, 모든 주제를 유튜브 영상으로도 볼 수 있습니다.

노무가 생소한 분이라면 아무리 쉬운 글이라도 이해가 더딜 수 있습니다. 빠른 이해를 돕기 위해 각 주제를 영상으로 만들어 두었습니다. 해당 내용을 읽고 주제별로 첨부한 유튜브 영상까지 시청한다면 이해가 더욱 빠를 것입니다.

넷째, 현장에서 다루는 중요한 쟁점사항 위주로 내용을 구성했습니다.

노동법 체계가 아니라 실무에서 다루는 중요사항 위주로 책을 구성했습니다. 노동법 해설서가 아니라, 현장에서 사업주에게 꼭 필요한 사항이 담긴 책으로 만들었습니다.

기존 책들과 달리 누구나 쉽게 누워서도 읽을 수 있는 노무 책을 만들었다는 생각에 뿌듯합니다. 이 책을 읽는 많은 사장님들, 그리고 기업컨설턴트 분들에게 조금이나마 도움이 되었으면 하는 바람입니다.

1부

— 첫 번째 노무 이야기
　　직원과 만남

01
근로계약서, 꼭 써야 하나요?

(「노무 QnA 6번~10번」 유튜브 영상)

2011년부터 2012년 상반기까지 지하철이나 버스에서 많이 본 광고 문구가 있습니다.

"2012년 1월 1일부터는 모든 사업장에서 근로계약서를 서면으로 작성해, 1부는 사업주가 보관하고 1부는 근로자(노동자)에게 교부해야 합니다. 이를 어길 시 최대 500만 원의 벌금이 부과될 수도 있습니다."

　2012년 1월 1일부로 사업주는 반드시 근로계약서를 서면으로 작성하여 근로자(노동자)에게 교부해야 합니다. 당시에 각종 언론매체나 지하철, 버스 등에서 이런 안내 문구를 쉽게 접할 수 있었습니다. 그럼에도 불구하고 사장님들과 상담 시에 간혹 듣는 질문이 있습니다.

　"근로계약서를 꼭 써야 하나요?"
　"근로계약서를 작성하면 오히려 사업주에게 불이익이 있지는 않을까요? 차라리 없는 편이 낫지 않을까요?"

　과연 그럴까요?

　결론부터 말씀드리면, 근로계약서는 반드시 작성해야 합니다. 앞서 언급했듯 <u>근로계약서는 2012년 1월 1일부터 반드시 서면으로 작성하여, 1부는 사업주가 보관하며 1부는 근로자(노동자)에게 교부해야 합니다.</u> 물론 2012년 전이라 해도 서면이 아닌 구두계약까지 당연히 효력은 인정됩니다.

　얼마 전 계약직 직원을 고용한 음식점 김 사장님 이야기입니다. 김 사장님은 직원을 고용하며 근로계약서를 작성해야 한다는 사실을 알고는 있었지만, 계약직이기에 별문제 없을 것이라 생각했습니다. 그래서 구두로 급여와 근무시간만 약속하고 고용했습니다. 그런데 관할지역 노동청의 기초노동질서 점검에서 계약직 근로자(노동자)의 근로계약서 미작성을 이유로 과태료 70만 원을 부과받았습니다.

근로계약서를 작성하지 않으면 미작성 한 건당 최대 500만 원의 벌금이 사업주에게 부과될 수도 있습니다.(과태료와 벌금의 차이는 "Q24. 과태료와 벌금 차이는 무엇인가요?"에서 별도로 설명하겠습니다) 더불어 근로계약서는 근로자(노동자)와 노무분쟁이 발생할 경우에 근로 내용을 증빙할 수 있는 서류로 사용될 수 있기에 반드시 작성하여야 합니다.

그런데 근로계약서를 작성하더라도 주변에서 구한 허접한(?) 양식을 사용하는 경우가 있습니다. 감히 허접하다고 말씀드리는 이유는 인터넷에서 흔히 구할 수 있는 양식 중에 기본도 안 된 서류가 많기 때문입니다.

옷에 비유하자면 L, XL, XXL처럼 대략적인 사이즈로 만들어진 기성복이 아니라, 내 몸에 꼭 맞는 맞춤정장 같은 근로계약서를 작성하시기 바랍니다. 대충 만들어져 여기저기 돌아다니는 근로계약서는 오히려 나중에 독이 될 수도 있습니다. 따라서 반드시 전문가와 상담 후 사업장 상황에 맞는 근로계약서를 사용하시기 바랍니다.

또한 현장에서는 근로계약서 내용과 실제 근로(노동) 사이에 괴리가 발생하기도 합니다. 근로계약서에는 분명히 근로기준법대로 시간을 맞추어 근로(노동)를 한다고 작성했지만, 실제 근로(노동) 시간은 그렇지 않은 사례가 종종 있습니다. 이 또한 사장님이 주의하셔야 할 사항입니다. 반드시 근로계약서와 실제 근로(노동)가 일

치해야 합니다. 만약 문제가 발생한다면 실제 근로(노동)내용을 기준으로 처리가 이루어질 가능성이 높습니다.

끝으로 사업주는 작성한 근로계약서를 반드시 근로자(노동자)에게 교부하여야 하며, 이를 증빙해야 합니다. 근로계약서를 작성할 때 별도의 교부 확인 서명란을 만들거나, 교부 확인서 등을 받아도 좋습니다. 근로계약서는 기본 중에 기본이니 반드시 작성해야 합니다.

★ **Key Point**

근로자(노동자)를 1명 이상 고용한 모든 사업주는 반드시 근로계약서를 작성 및 교부해야 합니다. 근로계약서 미작성 및 미교부 시 최대 500만 원의 벌금이 부과될 수도 있습니다.

02

근로계약서에는 어떤 내용이 포함되나요?

(「근로계약서 작성법, 근로계약서 양식, 표준근로계약서, 근로계약서 미작성 벌금」 유튜브 영상)

이제 근로계약서의 중요성을 인식하셨으리라 생각합니다. 근로계약서는 반드시 작성하여 근로자(노동자)에게 교부하여야 하며, 근로자(노동자)도 반드시 이를 보관하여야 합니다. 그럼 근로계약서는 어떻게 작성해야 할까요? 근로계약서에 어떤 내용을 담아야 할까요?

근로계약서는 근로(노동) 제공과 임금 지급을 목적으로 체결된 계약입니다. 구두계약으로 맺은 근로(노동) 관계도 유효합니다. 2012년 1월 1일부터는 반드시 서면으로 근로계약서를 작성하여, 1부는 사업주가 보관하고 다른 1부는 근로자(노동자)에게 교부해야 합니다.

근로계약서를 작성할 때 반드시 포함해야 할 사항이 있습니다. 근로계약서는 작성 여부도 중요하지만, 반드시 들어가야 할 내용을 포함해야 한다는 점도 잊지 말아야 합니다.

근로계약서에 꼭 들어가야 할 내용은

임금의 구성항목, 계산방법, 지급방법, 소정 근로시간, 휴일 및 휴가에 관한 근로조건, 취업장소 및 종사업무, 취업규칙에서 정한 사항, 부속 기숙사가 있는 경우 기숙사 규칙에서 정한 사항 등입니다.

고용노동부 홈페이지에 표준근로계약서 5종[1]이 게시되어 있으니, 특별히 근로(노동) 형태가 복잡하지 않은 사업장은 이를 바탕으로 작성해도 무방합니다. 다만 근로(노동) 형태가 복잡하고 근로자(노동자) 수가 많은 사업장은 별도로 노무전문가에게 의뢰하여 사업장 상황, 근로(노동)시간, 임금, 휴가 등에 따른 맞춤형 근로계약서를 작성하는 것이 바람직합니다. 이는 영업과 경영에 바쁜 사

---

1) 부록1-사업장에 꼭 필요한 노무서식 8가지(156p)

장님이 좀 더 효율적으로 사업을 운영하는 지름길입니다.

근로계약서 표준 양식이 따로 정해져 있지는 않습니다. 각 사업장에 맞는 양식을 사용하면 됩니다. 다만 위에 언급한 근로계약서에 꼭 들어가야 할 내용을 포함하여 작성하면 됩니다. 다시 한번 말씀드리지만 근로계약서 작성은 매우 중요합니다. 그리고 필수 항목을 포함해서 작성하는 것 또한 중요합니다. 요즘은 단순히 근로계약서의 구비 여부보다는 사업장 상황, 근로(노동) 형태 등에 따라 얼마나 제대로 작성되어 있느냐가 더욱 중요합니다.

2012년 1월 1일 이후부터는 정부의 반복적인 홍보와 계도로 많은 사업장이 근로계약서를 서면으로 작성하고 있습니다. 그 결과 이제는 근로계약서 작성을 대부분 당연하게 여깁니다. 하지만 사업장 상황에 맞게 제대로 작성되었는지는 다시금 확인하고 점검해야 할 부분입니다. 상담을 하다 보면 근로계약서는 있지만, 꼭 들어가야 할 내용을 제대로 작성하지 않아 근로감독에서 지적을 받거나 근로자(노동자)에게 신고를 당하는 사업주를 종종 봅니다. 근로계약서는 꼭 필요한 내용을 포함하여 제대로 작성해야 합니다.

★ Key Point

근로계약서에 특정한 기준 양식은 없습니다. 다만 다음의 사항을 포함하여 작성하면 됩니다. 임금의 구성항목, 계산방법, 지급방법, 소정 근로시간, 휴일 및 휴가에 관한 근로조건, 취업장소 및 종사업무, 취업규칙에서 정한 사항, 부속 기숙사가 있는 경우 기숙사 규칙에서 정한 사항 등입니다.

03

근로자(노동자)와 임의 합의가 가능한가요?

(「노무 QnA 1번~5번」 유튜브 영상)

학원을 운영하시는 정 원장님이 있습니다. 운영이 점점 잘되어서 수익이 늘었고 학원 규모도 점점 커졌습니다. 그런데 직원 처우는 개선되지 않았습니다. 본인에게만 돈을 쓰고 사치에만 관심을 보이니 직원들의 불만이 쌓여 갔습니다. 결국 참다못한 직원들이

다 같이 학원을 그만두겠다고 선언했습니다.

직원들은 학원을 그만두면서 퇴직금을 요구했고, 정 원장님은 지급을 거부하였습니다. 퇴직금은 급여에 포함하여 매월 지급하기로 합의하고 근로계약서를 작성했다는 점을 이유로 들었습니다. 매월 급여에 포함하여 이미 지급이 끝났다는 주장입니다.

더불어 근로자(노동자)에게 근로계약서도 교부하지 않은 상황이었습니다. 직원들은 함께 정 원장님을 관할지역 노동청에 신고하였고, 노동청은 정 원장님과 대표직원을 불렀습니다. 당연히 정 원장님은 위에서 언급한 근로계약서를 제시하였습니다.

어떤 결론이 났을까요?

관할지역 노동청은 원장님이 제시한 근로계약서를 증거로 근로자(노동자)들이 요구한 퇴직금 전액을 지급하도록 명령했습니다. 정 원장님은 분명히 퇴직금은 월급에 포함해서 지급한다는 근로계약서를 근거로 항의했습니다. 직원들도 서명을 했으니 당연히 퇴직금을 지급하지 않아도 된다는 주장입니다. 하지만 이는 잘못된 생각입니다.

사업주와 근로자(노동자)의 임의 합의가 노동법을 위반하면 전부 무효입니다. 퇴직금은 급여에 분할해서 지급하면 안 됩니다. 퇴사 시 평균임금을 기준으로 별도 지급해야 합니다.(평균임금은 "Q19. 통상임금과 평균임금이 무엇인가요?"를 참고하시면 됩니다) 정 원장님은 노동법을 어겼습니다. 상호 합의를 통해 근로계약서를 작성했으니 문제가 없다는 생각은 잘못입니다.

상담을 하다 보면 이런 경우가 종종 있습니다. 근로계약서, 퇴직금, 각종 수당 등을 사업주와 근로자(노동자)가 임의로 합의하곤 합니다. '우리는 4대보험에 가입을 안 하기로 했다거나, 퇴직금을 지급하지 않기로 했다거나, 근로계약서에 이러이러한 내용을 넣어서 서로 지키기로 했다'고 말씀하시는 분들이 자주 질문을 주십니다. 예를 들면 식당에서 직원을 구할 때 '퇴직금 포함 월 200만 원에 직원을 구합니다' 같은 경우가 대표적입니다.

노동법은 임의법이 아닌 강행법입니다. 따라서 서로 합의를 하고 근로계약서에 명기해 놓았더라도 노동법, 근로기준법, 최저임금법 등에 위반되는 내용이라면 전부 무효처리가 됩니다.

예전에 제가 만났던 사장님 중에 이런 경우가 있었습니다.

"최 대표님, 물론 근로계약서에 이런 내용 써 놓아야 한다는 점은 알겠습니다. 그런데 이걸 꼭 지켜야 하나요? 지키면 좋고 현실적으로 어려우면 어쩔 수 없는 것 아닌가요?"

제가 강조하는 부분은 이렇습니다. 근로계약서, 최저임금, 주휴수당, 퇴직금, 4대보험 등의 규정은 전부 다 강행법입니다. 지키지 않으면 과태료라든가 벌금, 제재조치가 따릅니다. 서로 합의한 부분이라도 노동법에 위반되는 사항이 있다면 무효입니다. 말씀드린 부분을 사장님이 잘 인식하시고 철저한 준비를 하셔야 합니다.

★ Key Point

노동법은 임의법이 아닌 강행법입니다. 반드시 지켜야 한다는 뜻입니다. 사업주와 근로자(노동자) 간에 임의 합의가 있더라도 노동법에 위반되는 사항은 전면 무효입니다.

04

4대보험은 모든 직원을 가입해 주어야 하나요?

(「노무관리 2가지 포인트 (주 15시간 이상, 근로자 5인 이상)」 유튜브 영상)

수년 전만 해도 노무의 최대 이슈는 4대보험이 아니었습니다. 근로계약서, 최저임금, 주휴수당, 퇴직금 등의 노무규정이 주된 이슈였습니다. 매년 변경되는 노무규정만으로도 충분히 많은 이슈가 생겼으니까요. 하지만 최근에는 4대보험이 주요한 노무이슈로 떠올랐습니다. 사업장 규모가 작을수록 4대보험에 가입하지 않는 경우가 많고, 가입했더라도 정규직이라 불리는 몇몇 직원만 가입을 해 주는 경향 때문입니다.

문제는 4대보험에 가입하지 않으면 정부의 각종 세액공제나 지원금 같은 혜택을 전혀 받을 수가 없다는 점입니다. 이제는 많이들 알고 있는 일자리안정자금, 두루누리 사회보험료 지원, 청년추가고용장려금, 청년내일채움공제, 시간선택제, 신중년적합직무지원 등 수십 가지 지원혜택에서 제외됩니다.

저도 수년 전까지는 사업주와 상담할 때 다른 노무규정들을 많이 이야기했습니다. 하지만 최근에는 4대보험 관련 상담이 부쩍 늘었습니다. 특히 4대보험에 가입하지 않은 소상공인 사장님들은 마치 세금처럼 느껴진다며 비용 부담을 호소하는 경우가 많습니다. 4대보험은 사업주에게 모든 책임이 있습니다. 그래서 사업주는 더욱 4대보험에 많은 관심을 가질 필요가 있습니다.

앞으로 4대보험은 계속해서 이슈가 될 것이고, 사업주가 반드시 알아야 할 내용이기에 가입기준을 알아보겠습니다. 흔히 사회보험보다는 4대보험이라는 용어를 많이 씁니다. 그래서 어떤 분들은 4대보험이라는 상품이 별도로 존재한다고 생각하기도 합니다. 종신보험, 암보험, 상해보험 같은 민간 보험 상품이라고 생각하는 것이죠.

4대보험은 산재보험, 고용보험, 국민건강보험, 국민연금 4가지의 사회보험을 뜻합니다. 정식 용어는 사회보험입니다. 국가에서 관리하는 공적 보험이라는 말입니다. 그럼 4대보험에는 어떤 사람들이 가입해야 할까요?

전체를 기준으로 말씀드리면 4대보험은 정규직이건, 아르바이트생이건, 1주일에 15시간 이상 근로(노동)를 하는 모든 근로자(노동자)가 가입해야 합니다. 물론 보험료는 사업주와 근로자(노동자)가 함께 부담합니다. 다만 납부의 책임은 사업주가 모두 집니다. 급여를 지급할 때 사업주가 공제를 하기 때문입니다.

그런데 구체적으로 살펴보면 각 보험마다 가입기준이 조금씩 다릅니다. 4대보험 중에 우리가 관심을 가져야 할 부분은 산재보험과 고용보험입니다.

첫째, 산재보험입니다. 4대보험은 1주일에 15시간 이상 근무하는 모든 근로자(노동자)가 가입해야 한다고 말씀드렸습니다. 그런데 산재보험은 근무시간이 1주일에 15시간이 되지 않더라도 모두 가입해야 합니다. 설령 가입하지 않았더라도 업무상 재해가 발생하여 산재사고로 인정되면 보상을 해 줘야 합니다.

그러니까 가입 여부와 관계없이 어차피 보상은 나갑니다. 사업주가 100%의 책임을 집니다. 보험료 또한 사업주가 100% 책임집니다. 이를 사업주의 무과실 책임이라고 합니다. 과실이 전혀 없지만 책임은 100%라는 뜻입니다. 근로자(노동자) 입장에서는 좋은 일이지만, 사업주 입장에서는 불합리한 성격이 좀 있긴 합니다.

둘째, 고용보험입니다. 고용보험료는 두 가지로 구분됩니다. 실업급여(구직급여)와 고용안정사업(직업능력개발)입니다. 쉽게 말씀드리면 고용보험에 가입해야 근로자(노동자)가 퇴사할 때 실업급여(구직급여)를 신청할 수 있고, 사업주는 고용안정장려금 즉, 정부 지원금을 신청할 수 있습니다.

고용보험에 가입하지 않은 사업장은 일자리안정자금 같은 각종 정부 지원금을 신청할 수 없습니다. 직원들이 고용보험 피보험자가 되어야 정부 지원금을 받을 수 있습니다. 고용지원금은 직원이 아니라 사장님이 받습니다. 그래서 고용보험에 반드시 가입하셔야 하는데 가입기준에 약간 특이한 점이 있습니다. 고용보험은 직원이 3개월 이상 근무를 했다면 1주 근로(노동)시간이 15시간 미만이더라도 반드시 가입시켜 주셔야 합니다.

셋째, 국민건강보험은 국민의 질병 및 부상의 예방, 진단, 치료, 재활과 출산, 사망 및 건강검진에 대비하는 보험입니다. 국민보건 향상과 사회보장 증진이 목적입니다. 전 국민이 모두 강제로 가입해야 하고 적극적이고 포괄적인 의료보장, 보험료와 급여의 소득 재분배 기능, 단기보험이라는 특징이 있습니다.

넷째, 국민연금은 국민의 노령, 장애 또는 사망에 대비하는 공적 연금입니다. 국민의 생활 안정과 복지 증진에 이바지합니다. 특징은 국민의 노후 소득보장, 퇴직금제도의 문제점 개선, 소득 재분배, 연금액의 실질가치 보장, 장기보험이라는 점입니다.

다시 한번 정리하자면 4대보험은 4주를 평균하여 1주에 15시간 이상 일하는 직원이라면 모두 가입시켜 주셔야 합니다. 추가로 산재보험은 근로시간이 1주에 15시간 미만이더라도 가입시켜 줘야 하며, 가입하지 않더라도 산재사고로 인정되면 무조건 보상이 나갑니다. 고용보험은 근로시간이 1주에 15시간 미만이더라도 3개월 이상 근무한 근로자(노동자)라면 가입시켜 주셔야 합니다.

> ★ Key Point
>
> 사회보험은 산재보험, 고용보험, 국민건강보험, 국민연금 4가지입니다. 이를 흔히 4대보험이라고 합니다. 산재보험은 모든 근로자(노동자)가 가입대상입니다. 고용보험은 1주 근로(노동)시간이 15시간 이상인 근로자(노동자), 그리고 근로(노동)기간이 3개월 이상인 모든 근로자(노동자)가 가입대상입니다. 국민건강보험과 국민연금은 1주 근로(노동)시간이 15시간 이상인 근로자(노동자)가 가입대상입니다.

알아 두면 돈이 되는 노무정보

- 4대보험에 가입하면 사업주가 받을 수 있는 혜택 -

1. 일자리안정자금

최저임금 인상에 따른 고용 부담을 완화하기 위해 고용노동부가 소상공인 및 중소기업을 지원하는 제도입니다. 30인 미만 모든 사업자가 대상이며, 1인당 월 최대 13만 원(5인 미만 사업장은 15만 원)이 지원됩니다.(2019년 기준)

◈ 고용노동부 일자리안정자금 사이트 (http://jobfunds.or.kr)

2. 두루누리 사회보험료 지원

소규모 사업을 운영하는 사업주와 소속 근로자(노동자)의 사회보험료(고용보험·국민연금) 일부를 국가에서 지원하는 사업입니다. 사회보험 가입에 따른 부담을 덜어 주고, 사회보험 사각지대를 해소하기 위한 목적입니다. 근로자(노동자) 수가 10명 미만인 사업에 고용된 근로자(노동자) 중 월평균 보수가 210만 원 미만인 근로자(노동자)와 그 사업주에게 사회보험료(고용보험·국민연금)를 최대 90%까지 각각 지원합니다.

◈ 두루누리 사회보험료 지원 사이트 (http://insurancesupport.or.kr)

3. 고용장려금 지원제도

정부가 중소기업의 고용을 장려하기 위해 기업이나 개인에게 교부하는 자금입니다. 고용장려금은 고용창출장려금, 고용안정장려금, 고용유지지원금, 청·장년 고용지원금, 고용환경개선장려금 등으로 구분됩니다. 주요 지원금으로는 청년추가고용장려금, 청년내일채움공제, 신중년적합직무 고용지원, 정규직 전환지원, 시간선택제 지원금, 일자리 함께하기 지원, 일·가정 양립 환경개선 지원, 60세 이상 고령자 고용지원금 등이 있습니다.

◆ 고용보험 사이트 (https://www.ei.go.kr)

05

아르바이트도 최저임금을 꼭 주어야 하나요?

(「청소년, 알바 노동법 노무규정 근로기준」 유튜브 영상)

여름방학, 겨울방학 기간이면 어김없이 근로감독 나오는 곳들이 있습니다. 청소년 아르바이트생을 상습적으로 고용하는 사업장이 대상입니다. 주로 편의점, 당구장, 식당, 노래방, 카페 등이죠. 이런 사업장에서는 아르바이트의 근로(노동) 개념을 명확히 알고 계시면 좋을듯 합니다.

많은 사장님들이 착각을 하시는 부분이 있습니다. 아르바이트생은 정규직으로 채용해서 4대보험도 가입하고, 급여도 정상 지급해야 하는 근로자(노동자)가 아니라고 생각하십니다. 근로자(노동자)에는 정규직, 계약직, 파견직, 외국인 근로자(노동자) 등 다양한 형태가 있습니다.

근로자(노동자)인지 아닌지를 구분 짓는 핵심 내용은 <u>사업주의 지휘감독 여부</u>입니다. 다시 말해 사업주와 사용종속 관계인지 아닌지가 중요합니다. 사용종속 관계를 판단하는 구체적인 기준은 정해진 시간에 출퇴근 여부, 고정급여의 지급 여부, 사업주의 업무지시 여부, 회사 비품 등의 소유 여부 등입니다.

4대보험 가입 여부, 근로계약서 작성 여부, 근로(노동)기간 등은 핵심 요소가 아닙니다. 사업주에게 지휘감독을 받는 사용종속 관계의 직원은 모두가 근로자(노동자)입니다. 당연히 최저임금 이상의 급여를 지급해야 합니다. 더불어 1주 15시간 이상, 계속근로 1년 이상이라면 퇴직금도 지급해야 합니다.

최저임금은 시급으로 2019년 8,350원, 2020년 8,590원입니다. 1주 15시간 이상 근무하는 근로자(노동자)라면 추가로 주휴수당도 지급해야 합니다. 사업주와 근로자(노동자)가 최저임금이나 주휴수당을 별도로 합의하였더라도 법에 위반되면 무효이며 반드시 법에서 정한 기준에 맞게 지급해야 합니다.

★ Key Point

아르바이트생도 근로자(노동자)입니다. 모든 근로자(노동자)에게 반드시 최저임금 이상의 급여를 지급해야 합니다. 위반하면 3년 이하의 징역 또는 2,000만 원 이하의 벌금이 부과될 수 있습니다.

06
수습기간에도 최저임금이 적용되나요?

(「수습기간의 최저임금 지급기준에 대하여」유튜브 영상)

　수습기간의 최저임금 적용은 두 가지로 정리됩니다. 최저임금의 90%만 지급해도 되는 경우와 100%를 다 지급해야 하는 경우입니다.
　우선 첫 번째, 수습기간에 최저임금의 90%까지 줄 수 있는 경우입니다.

(1) 1년 이상 혹은 계약기간이 없이 계약을 한 근로자(노동자)가 해당됩니다.

(2) 수습기간인데 3개월 이내면 90%를 지급할 수 있습니다.

(3) 단순노무직이 아니어야 합니다.

두 번째, 수습기간에도 최저임금의 100% 이상을 지급해야 하는 경우입니다.

(1) 1년 미만의 계약기간을 정한 근로자(노동자)가 해당됩니다.

(2) 수습기간이 없거나, 수습기간을 마쳤거나, 3개월을 넘긴 근로자(노동자)도 해당됩니다.

(3) 단순노무직이라면 최저임금의 100% 이상을 지급해야 합니다.

주요 핵심 사항은 이것입니다. 단순노무직 근로자(노동자)는 수습기간에도 최저임금의 100% 이상을 지급해야 합니다.

그러면 어떤 업종이 단순노무직일까요?

단순노무직은 한국표준 직업분류에서 정한 숙련된 기술을 요하지 않고 잠깐의 교육으로 금방 일을 할 수 있는 직종입니다. 아파트나 건물관리, PC방, 미용실, 슈퍼마켓, 편의점, 패스트푸드점, 커피전문점, 주유소, 음식점, 물류창고 등 주변에서 흔히 볼 수 있는 아르바이트생들이 일하는 업종이 주로 해당됩니다.

이러한 업종에서 일하는 단순노무직 근로자(노동자)는 3개월 이내의 수습기간이더라도 최저임금의 90%를 주면 안 됩니다. 반드시 최저임금의 100% 이상을 지급해야 함을 유념하시기 바랍니다. 해당 내용을 포함한 근로기준법이 2018년 3월 20일에 변경됐기 때문에, 그 이후에 채용한 직원이라면 반드시 적용해야 합니다.

★ Key Point

수습기간에는 최대 3개월까지 최저임금의 90%를 지급해도 됩니다. 다만 한국표준 직업분류상 단순노무직은 수습기간에도 최저임금의 100%를 지급해야 합니다.

07
근로계약서를 포괄임금제로 작성해도 되나요?

(「노무 QnA 1번~5번」 유튜브 영상)

　우선 포괄임금제와 상반되는 개념인 통상임금제를 이해할 필요가 있습니다. 쉽게 말씀드리면 통상임금제는 기본근무, 연장근무, 야간근무, 주휴일, 휴일근무 등을 각각 계산한 후 그에 따라 급여를 지급하는 방식입니다.

그렇다면 포괄임금제는 무엇일까요?

예를 들어서 설명해 드리겠습니다. 홍길동이라는 직원에게 매월 300만 원을 급여로 지급하기로 했습니다. 300만 원에는 연장근무, 주휴일, 휴일근무, 연차수당 등이 모두 포함됩니다. 각각 계산하지 않고 급여에 전부 포함시켜서 총금액을 계약하는 방식입니다. 포괄임금제 계약은 법적으로 꼭 해야 한다거나, 법으로 보호받는 임금제도는 아닙니다. 우선 포괄임금제의 배경을 이해할 필요가 있습니다.

예를 들어 과거에 가나유통이라는 회사가 있었다고 가정합니다. 가나유통은 기본근무 외에 연장근무가 너무 불규칙했습니다. 게다가 야간근무도 있다 보니 매달 정확한 급여를 산정해서 지급하기가 굉장히 힘들었습니다. 그래서 가나유통은 직원의 근무 연수에 따라 매월 200~300만 원을 급여로 지급했습니다. 그런데 직원들이 직접 급여를 계산해 보니 실제 근무한 것보다 적다는 의혹이 생겼습니다. 결국 직원들은 "연장근무, 야간근무, 휴일근무 등에 대해 적절한 급여를 받지 못했다."며 법원에 소송을 냈습니다.

법원은 회사 상황과 여러 가지 요인을 모두 살펴보았습니다. 그리고 이 회사는 근무형태가 너무 불규칙하기 때문에 매달 정확한 급여를 계산하기가 어렵다는 판단을 내립니다. 실제로 정확히 계산해 보니 매월 지급된 급여는 실제 근무한 것보다 더 많았습니다. 그래서 법원은 가나유통의 포괄임금제 방식을 인정해 주었습니다.

대신 포괄임금제로 지급할 때는 실제로 근로자(노동자)가 근무한 연장근무, 야간근무, 휴일근무 등을 포함한 금액 이상을 지급해야 합니다. 예를 들어 포괄임금제로 월급 300만 원을 주기로 했습니다. 그런데 연장근무, 야간근무 등을 포함해 근로자(노동자)가 실제 근무한 시간을 계산하면 400~500만 원가량이 나옵니다. 이런 경우 애초 계약대로 300만 원만 지급한다면 당연히 문제가 될 수 있습니다.

최근 대법원 판례는 '근무 형태가 복잡한 회사는 이런 방식도 가능은 하다'(대법원 판례는 본문 다음에 확인할 수 있습니다)입니다. 그래서 대부분 사업장이 그렇게 하고 있습니다. 여기서 반드시 아셔야 할 점은, 위에서 말씀드린 대로 포괄임금제로 계약을 했더라도 실제로 근무한 시간을 계산한 급여보다 적게 지급하면 안 된다는 사실입니다.

"우린 포괄임금제로 계약했으니 300만 원만 주면 모든 게 다 끝이다."라는 말은 틀렸습니다. 연장근무나 야간근무 때문에 약속한 급여 이상의 추가근무가 발생하면 당연히 별도로 계산해서 더 지급해야 합니다. 잘못하면 서로 분쟁거리가 될 수 있기 때문에 참고해 주시기 바랍니다.

★ Key Point

포괄임금제는 총급여를 역산하는 임금설계 방식으로 위법은 아닙니다. 다만 최저임금을 반드시 준수해야 하며 각종 수당이 부족하게 지급되면 안 됩니다.

포괄임금제에 대한 대법원 판례

[대법원 2016. 10. 13. 선고 2016도1060 판결]

<판결요지>

기본임금을 미리 산정하지 아니한 채 제 수당을 합한 금액을 월급여액이나 일당임금으로 정하거나 매월 일정액을 제 수당으로 지급하는 내용의 포괄임금제에 관한 약정이 성립하였는지는 근로시간, 근로형태와 업무의 성질, 임금 산정의 단위, 단체협약과 취업규칙의 내용, 동종 사업장의 실태 등 여러 사정을 전체적·종합적으로 고려하여 구체적으로 판단하여야 한다.

이때 단체협약이나 취업규칙 및 근로계약서에 포괄임금약정이 성립하였다고 인정하기 위해서는, 근로형태의 특수성으로 인하여 실제 근로시간을 정확하게 산정하는 것이 곤란하거나 일정한 연장·야간·휴일근로가 예상되는 경우 등 실질적인 필요성이 인정될 뿐 아니라, 근로시간, 정하여진 임금의 형태나 수준 등 제반 사정에 비추어 사용자와 근로자 사이에 정액의 월급여액이나 일당임금 외에 추가로 어떠한 수당도 지급하지 않기로 하거나 특정한 수당을 지급하지 않기로 하는 합의가 있었다고 객관적으로 인정되는 경우이어야 한다.

2부

두 번째 노무 이야기
직원과 동행

08

직원 5인 이상과 5인 미만에 차이가 있나요?

(「상시근로자(노동자) 5인 미만 사업장 근로기준법 적용」 유튜브 영상)

상시근로자 5인.

이는 굉장히 많은 사항을 가르는 기준입니다. 근로기준법은 기본적으로 상시근로자 5인 미만 사업장에는 적용되지 않습니다. 다만 몇 가지 반드시 적용되는 사항이 있을 뿐입니다. 특히 소상공인 사업장의 사장님은 반드시 상시근로자가 몇 명인지를 확인하셔야 합니다.

참고로 상시근로자 수 계산방법은 1개월 동안 동원된 총근로자(노동자) ÷ 1개월 동안 사업일수입니다. 다만 1일 근로자(노동자) 수가 5명 이상인 날이 50%를 넘으면 계산상 상시근로자가 5인 미만이더라도, 상시근로자 5인 이상 사업장으로 간주됩니다.

상시근로자 5인 미만의 사업장에서 근로기준법 적용이 제외되는 사항입니다.
- 근로자(노동자)의 해고 제한, 해고 서면통지
- 부당해고 등의 구제신청
- 휴업수당
- 법정근로시간 제한이 없음
- 연장, 야간, 휴일 근로 수당을 지급하지 않음
- 연차유급휴가를 부여하지 않음
- 생리휴가를 부여하지 않음

상시근로자 5인 미만의 사업장에서도 근로기준법 적용이 되는 사항입니다.
- 해고 예고는 30일 전에 하거나 해고 예고수당 지급
- 주 15시간 이상 근로자(노동자)에게 주휴수당 지급
- 2013년부터는 계속근로 1년 이상인 근로자(노동자)에게 퇴직금 지급
- 최저임금 이상 보장

★ **Key Point**

근로기준법은 기본적으로 상시근로자 5인 미만 사업장에는 적용되지 않습니다. 다만 예외적으로 적용되는 사항이 있으니, 이 부분을 유념하시기 바랍니다.

09

최저임금 공고문, 꼭 붙여야 하나요?

(「최저임금, 최저임금 공고문」 유튜브 영상)

　　최저임금은 2019년 시간당 8,350원, 2020년 8,590원입니다. 월급으로 계산하면 2019년 1,745,150원, 2020년 1,795,310원입니다. 최저임금은 매년 최저임금위원회에서 논의를 거쳐 결정하고 고용노동부가 발표합니다. 발표 후 최저임금위원회는 이를 안내하는 최저임금 공고문을 제작하여 게시합니다.

최저임금 공고문은 최저임금위원회 홈페이지에서 확인할 수 있습니다. 최저임금 공고문은 근로자(노동자)를 1명 이상 고용한 모든 사업장에 게시하여야 합니다. 이를 어길 시 과태료가 최대 100만 원까지 부과될 수도 있습니다.

물론 반드시 정해진 공고문을 게시할 필요는 없습니다. 최저임금이 명기된 어떤 양식이라도 괜찮습니다. 사업장 자체적으로 작성하여 게시하여도 무방합니다. 다만 최저임금위원회에서 제작한 최저임금 공고문 게시를 추천합니다. 최저임금은 매년 변경되니 그때마다 새로운 공고문을 프린트하여 직원들이 잘 볼 수 있는 곳에 게시하면 됩니다.

현장에서 상담할 때 최저임금 공고문이 게시되지 않은 곳의 사장님께는 이렇게 말씀드리곤 합니다.

"사장님, 사업장에 왜 최저임금 공고문을 게시하지 않으셨나요?"

답변은 다양합니다.
"그런 것이 있는지 몰랐어요."
"꼭 붙여야 하는지 몰라서요."
"지저분해서요."
"직원들이 볼까 봐요."

그때 저는 이렇게 말씀드립니다.

"사장님, 그러면 저기 벽에 원산지 표시는 왜 붙여 놓으셨나요?"

"그건 안 붙이면 과태료나 벌금 내니까요."

"사장님, 최저임금 공고문도 붙이지 않으면 과태료 내실 수 있습니다. 아주 간단하고 아무것도 아닌 일로 불안하게 지내지 마시고, 지금 바로 붙이시고 편하게 장사하세요."

그렇습니다. 최저임금 공고문 게시는 사업주의 의무입니다. 게시하지 않으면 근로감독이 나왔을 때 과태료가 부과될 수도 있는 사항입니다. 더불어 최저임금위원회에서 제작한 최저임금 공고문에는 사업주에게 유용한 정보도 많이 있습니다. 사장님, 꼭 한 번씩은 최저임금 공고문을 정독하시기를 권합니다.

★ Key Point

최저임금 공고문은 직원들이 잘 볼 수 있는 곳에 게시합니다. 이를 위반하면 최대 100만 원의 과태료가 부과될 수도 있습니다. 최저임금 공고문은 최저임금위원회 홈페이지에 게시되어 있으니 활용하시기 바랍니다.

※ 최저임금 공고문

최저임금제도는 국가가 임금의 최저수준을 정하고 사용자에게 이 수준 이상의 임금을 지급하도록 법으로 강제하는 제도입니다.

2019. 1. 1. ~ 2019. 12. 31. 적용

2019년 시간급 최저임금 8,350원
월환산액 1,745,150원 : 주 소정근로시간 40시간
월 환산기준 209시간(주당 유급주휴8시간 포함)

NO. 01 최저임금이 적용되는 사업장과 근로자는 어떻게 되나요?

▶ 근로자 1명 이상인 모든 사업 또는 사업장에 적용됩니다. 다만, 동거하는 친족만을 사용하는 사업과 가사사용인, 선원법을 적용받는 선원과 선원을 사용하는 선박 소유자에게는 적용되지 않습니다.

▶ 근로기준법상 근로자(정규직, 파트타임, 아르바이트 학생, 외국인 근로자 등)는 모두 적용됩니다. 다만, 정신 또는 신체장애로 근로능력이 현저히 낮아 고용노동부장관의 적용제외 인가를 받은 자는 적용되지 않습니다.

NO. 02 최저임금액과 다른 금액으로 최저임금액을 정하는 근로자는?

▶ 수습사용 중에 있는 자(1년 미만으로 근로계약을 체결한 경우 제외)로서 수습을 시작한 날부터 3개월 이내인 근로자는 최저임금액의 10%를 감액하여 지급할 수 있습니다.

※ 다만, 단순 노무업무로 고용노동부장관이 정하여 고시한 직종에 종사하는 근로자(한국표준직업분류상 대분류9(단순노무종사자)에 해당하는 사람)는 수습여부・계약기간에 관계없이 최저임금 100%를 지급하여야 합니다.

NO. 03 최저임금에 산입되는 임금과 산입되지 않는 임금은 어떻게 되나요?

▶ 최저임금에 산입되는 임금은 근로기준법상 임금으로서 매월 1회 이상 정기적으로 지급하는 임금
▶ 다만, 아래의 임금은 최저임금에 산입되지 않음

 통화 이외의 것(현물)으로 지급하는 임금

 소정근로시간 또는 소정의 근로일에 대하여 지급하는 임금 외의 임금
- 연장근로 또는 휴일근로에 대한 임금 및 연장・야간 또는 휴일근로에 대한 가산임금, 연차 유급휴가 미사용수당, 그 밖에 이에 준하는 것으로 인정되는 임금

㉠ 1개월을 초과하는 기간에 걸친 해당 사유에 의하여 산정하는 상여금 등의 25%(최저임금 월 환산액 기준)
㉡ 식비, 숙박비, 교통비 등 근로자의 생활보조 또는 복리후생을 위한 성질의 임금의 7%(최저임금 월 환산액 기준)
⇒ 위 금액에 초과하는 부분은 최저임금 산입
⇒ 이후 5년에 걸쳐 최저임금에 미산입 되는 비율을 단계적으로 축소 (2024년부터는 전부 산입)

※ '최저임금 월 환산액'이란? 고시된 시간급 최저임금액을 월 단위로 환산한 금액 (1주 소정 근로시간 40시간, 월 환산기준 209시간(유급주휴 8시간)의 경우: 1,745,150원)

〈취업규칙 변경 절차의 특례〉
최저임금에 산입되는 임금에 포함시키기 위하여 1개월을 초과하는 주기로 지급하는 임금을 총액의 변동 없이 매월 지급하는 것으로 취업규칙 변경시 근로자의 과반수(과반수 노동조합이 있으면 그 노동조합)의 의견청취 필요

급여를 지급받을 때에는  최저임금 근로세부담줄

NO. 04 최저임금액보다 낮은 임금을 지급 받기로 한 근로계약은 유효한가요?
▶ 최저임금액에 미치지 못한 금액을 임금으로 정하였다면 이렇게 정한 임금 부분은 무효이고 최저임금액과 동일한 임금을 지급하여야 합니다.

NO. 05 최저임금 미달 여부의 판단방법은?
▶ 근로자가 매월 1회 이상 정기적으로 지급 받은 임금에서 "최저임금에 산입하지 아니하는 임금"을 제외하고, 일·주·월급의 경우에는 이를 해당기간의 적용 기준 시간으로 나누어 시간당 임금으로 환산한 후 시간급 최저임금액과 비교
  ※ 월급을 시간당 임금으로 환산시 사용하는 월 적용기준 시간(유급주휴시간 포함)
    : 주당 소정 근로시간이 40시간인 경우는 209시간

| 최저임금에 산입되는 임금의 범위 | = | 근로기준법상 임금으로서 매월 1회 이상 정기적으로 지급되는 임금 | − | 이중 최저임금에 산입 하지 않는 임금 |

NO. 06 사용자가 근로자에게 반드시 알려주어야 할 사항은 무엇인가요?
▶ 사용자는 ①최저임금액, ②적용제외 근로자의 범위, ③최저임금에 산입하지 아니하는 임금, ④최저임금의 **효력발생 연월일**을 근로자가 쉽게 볼 수 있는 장소에 게시하거나 그 외 적당한 방법으로 근로자에게 널리 알려야 합니다.
  ※ 사용자가 근로자에게 최저임금액 등을 알려주지 않을 경우에는 100만원 이하의 과태료가 부과됩니다.

NO. 07 사용자가 최저임금에 미달하여 임금을 지급한 경우 어떤 처벌을 받나요?
▶ 3년 이하의 징역 또는 2천만원 이하 벌금에 처해지거나, 이 두 가지 벌칙을 같이 받을 수 있습니다.

"최저임금 계산법"
소정근로시간이 1주 40시간인 근로자가
2019년 2월 월급 1,975,500원을 받는 경우

월급명세서		최저임금에 산입되는 임금		추려낸 임금을 시간당 임금으로 환산
기본급	1,500,000원	기본급	1,500,000원	1,650,000원 ÷ 209시간
직무수당	150,000원	직무수당	150,000원	≒ 7,895원 〈 8,350원
식대	50,000원	상여금	0원*	∴ 최저임금 위반
교통비	50,000원	식대·교통비	0원**	
시간외수당	100,500원	계	1,650,000원	
상여금	125,000원			
급여계	1,975,500원			

※ 상여금은 기본급의 연 100%
  (1,500,000원을 12개월로 나눠서 매월 지급)

*상여금 125,000원중 2019년 월환산액 1,745,150원의 25% 초과금액
**식대·교통비 100,000원중 2019년 월환산액 1,745,150원의 7% 초과금액

고용노동부고시 제2019 - 43호

2020년 적용 최저임금 고시

「최저임금법」제10조제1항에 따라 2020년 1월 1일부터 2020년 12월 31일까지 적용되는 최저임금액을 다음과 같이 고시합니다.

2019. 8. 5.

고 용 노 동 부 장 관

1. 최저임금액

업 종	결정단위	시 간 급
모 든 산 업		8,590원

◆ 월 환산액 1,795,310원: 주 소정근로 40시간을 근무할 경우, 월 환산 기준시간 수 209시간(주당 유급주휴 8시간 포함) 기준

2. 최저임금의 사업의 종류별 구분 여부

○ 사업의 종류별 구분 없이 모든 사업장에 동일하게 적용

3. 최저임금 적용 기간: 2020. 1. 1. ~ 2020. 12. 31.

10

취업규칙은 꼭 있어야 하나요?

(「취업규칙 꼭 있어야 하나요?」 유튜브 영상)

취업규칙이란 말 그대로 취업의 조건에 관하여 정한 규칙입니다. 근로기준법에 의하여 10인 이상의 근로자(노동자)를 고용하는 사업주는 근로시간, 임금, 신분보장, 퇴직과 수당, 안전, 위생, 복지 문제 따위의 사항을 작성하여 신고할 의무가 있습니다.

취업규칙은 회사의 법과 같은 문서입니다. 법이 없는 사회는 혼란이 야기되기 쉽습니다. 마찬가지로 취업규칙이 없는 회사는 제대로 틀을 갖추었다고 보기 힘듭니다. 하지만 취업규칙을 쉽게 생각하고 그동안 근로감독이 한 번도 없었으니 별로 필요하지 않다고 생각하는 사장님이 많습니다.

물론 신고 의무는 상시근로자 10인 이상 사업장에 해당되지만, 상시근로자 10인 미만 사업장이라도 작성하기를 추천합니다. 상시근로자 10인 이상 사업장은 취업규칙을 작성하지 않고 신고하지 않으면 과태료 최대 500만 원이 부과될 수도 있습니다.

취업규칙은 노사 합의가 있는 단체협약과 달리 사업주가 직접 작성하여 이를 관할 노동관서에 신고하면 됩니다. 고용노동부 홈페이지에는 표준근로계약서와 함께 표준취업규칙이 상시 제공됩니다. 규모가 그리 크지 않은 사업장은 이를 참고하여 상황에 맞게 수정해 사용하면 됩니다. 다만 규모가 커서 세부 내용이 상이한 사업장은 노무전문가에게 의뢰하여 보다 상황에 맞는 맞춤형 컨설팅을 받으시는 것이 좋습니다.

취업규칙 작성 시 포함할 사항
 - 업무시작 및 종료시각, 휴게, 휴일, 휴가 및 교대 근로(노동)에 관한 사항
  - 임금의 결정, 계산, 지급 방법
  - 임금의 산정기간, 지급 시기 및 승급에 관한 사항
  - 가족수당의 계산, 지급 방법에 관한 사항

- 퇴직에 관한 사항
  - 근로자(노동자) 퇴직급여보장법에 따라 설정된 퇴직급여, 상여금 및 최저임금에 관한 사항
  - 근로자(노동자)의 식비, 작업 용품 등의 부담에 관한 사항
  - 근로자(노동자)를 위한 교육시설에 관한 사항
  - 출산전후휴가, 육아휴직 등으로 근로자(노동자)의 모성보호 및 일·가정 양립 지원에 관한 사항
  - 안전과 보건에 관한 사항
  - 업무상과 업무 외의 재해 부조에 관한 사항
  - 표창과 제재에 관한 사항
  - 그 밖에 해당 사업 또는 사업장의 근로자(노동자) 전체에 적용될 사항

최초 신고 시에는 사업주가 바로 관할 노동관서에 신고를 하면 됩니다. 수정 신고 시에는 변경 전과 후의 내용을 비교한 서류와 근로자(노동자) 과반수의 동의가 필요합니다. 그러니 처음 신고할 때 제대로 맞춤형 취업규칙을 작성하시기 바랍니다.

취업규칙은 상시근로자 10인 이상의 사업장에 신고 의무가 있으며 이를 어기면 과태료가 부과됩니다. 하지만 상시근로자 10인 미만의 사업장도 필요에 따라 상황에 맞게 작성하시는 편이 좋습니다. 표준취업규칙에 관해서는 부록 편을 참고하기 바랍니다.

> ★ Key Point
>
> 상시근로자 10인 이상의 사업장은 취업규칙 작성, 신고의 의무가 있습니다. 다만 상시근로자 10인 미만의 사업장이라도 필요시 작성하도록 합니다. 최초 신고보다 변경 신고의 절차가 복잡하니, 최초 신고할 때 제대로 맞춤형 취업규칙을 작성하시기 바랍니다.

11

주휴수당은 모든 직원에게 주어야 하나요?

(「주휴수당 완벽정리!! 꼭 기억할 2가지!!」 유튜브 영상)

2020년 최저임금이 시급 8,590원으로 결정되었습니다. 최저임금을 얘기하다 보면 반드시 따라오는 개념이 바로 주휴수당입니다.

노무관리에는 누가 뭐래도 지켜야 하고, 매번 이슈가 되는 몇 가지 개념이 있습니다. 이는 기본 중에 기본이기 때문에 어기면 처벌과 제재조치가 반드시 뒤따릅니다. 주휴수당도 여기에 해당됩니다.

근로기준법 제55조에 따르면 사용자는 일주일 동안 소정의 근로(노동)일수를 개근한 근로자(노동자)에게 1주일에 평균 1회 이상의 유급휴일을 주어야 하며, 이를 주휴일이라 합니다. 주휴일에 하루 치 임금을 별도 산정하여 지급해야 하는 것이 바로 주휴수당입니다. 주휴일은 일주일에 15시간 이상 근로(노동)하는 모든 근로자(노동자)가 적용 대상입니다.

주휴수당은 모든 근로자(노동자)에게 지급하는 것이 아닙니다. 일주일에 15시간 이상 근로(노동)를 하고, 다음 주에도 근로(노동)를 하기로 예정된, 일주일간 결근하지 않고 개근을 한, 근로자(노동자)에게 지급합니다.

또 하나 주의해야 할 내용이 있습니다. 하루 치 임금을 별도로 산정하여 주휴일에 지급한다는 말은 무조건 하루 8시간을 기준으로 책정한다는 이야기가 아닙니다. 각 근로자(노동자)의 하루 치에 해당하는 임금을 산정하여 지급한다는 의미입니다.

예를 들어 하루에 5시간씩 5일을 일하는 근로자(노동자)라면 8시간이 아닌 5시간 분량의 급여를 주휴수당으로 지급합니다.

> **주휴수당 계산 사례**
>
> 월요일부터 금요일까지 근로(노동)시간은 5, 5, 6, 7, 7 시간이라고 가정합니다. 이 직원에게는 주휴시간을 몇 시간 지급할까요?
>
> (답)
> 일주일간 근로(노동)시간을 합하면 30시간입니다. 그리고 1일 평균 근무시간인 6시간이 주휴시간입니다.
> 그러므로 직원에게 일주일간의 근로(노동)시간인 30시간이 아니라, 주휴시간을 합한 36시간의 임금을 지급해야 합니다.

최저임금과 더불어 주휴수당은 사업장에서 반드시 지켜야 하는 노동법 중 하나입니다. 사업주와 근로자(노동자) 간에 분쟁이 빈번하게 발생하는 사항이기도 합니다. 사장님들의 각별한 주의가 필요합니다.

★ Key Point

최저임금과 단짝처럼 붙어 다니는 것이 바로 주휴수당입니다. 주휴수당은 1주에 15시간 이상 근로(노동)하는 직원에게 지급합니다. 사업장의 상시근로자 수와는 무관하며 개인별로 대상자가 나뉩니다.

12. 연장근무 수당은 어떻게 계산하나요?

(「연장근무에 대하여」 유튜브 영상)

연장근무 수당은 상시근로자 5인 이상 사업장에 해당됩니다. 1일 8시간 이상, 혹은 일주일에 40시간 이상 일을 하면 연장근무로 인정하여 가산수당을 50% 더 지급합니다.

시급을 1,000원이라고 가정한다면, 하루에 8시간을 넘어가는 근무시간에는 1,000원이 아니라 1,500원을 지급합니다. 8시간을 넘어가는 근로(노동)는 연장근무로 인정되며 50%를 가산해서 주어야 합니다.

또한 일주일 근무시간 합계가 40시간을 넘지 않더라도 하루에 8시간 이상 근무하면 연장수당을 지급합니다. 예를 들어 일주일간 근로(노동)시간이 30시간이라고 가정을 하겠습니다. 이를 하루씩 살펴보면 8시간 이상이거나 미만인 날이 있을 수 있습니다. 일주일 근무시간이 40시간을 넘지 않더라도 하루에 10시간을 일했다면 8시간을 초과하는 2시간에 50%의 가산수당을 지급해야 합니다.

연장근무 수당 계산 사례

월요일 5시간, 화요일 5시간, 수요일 5시간, 목요일 10시간, 금요일 10시간 1주일간 총 5일을 일합니다. 연장근무 시간은 몇 시간인가요?

(답)
1주일 총근무시간은 35시간이므로 주 40시간 이상은 아닙니다. 하지만 목요일과 금요일에 8시간을 초과하여 2시간씩 연장근무를 했습니다. 이 4시간에는 연장근무 수당을 적용하여 50% 가산된 임금을 지급해야 합니다.

★ **Key Point**

 연장근무 수당은 상시근로자 5인 이상의 사업장에만 해당됩니다. 하루에 8시간 이상, 혹은 일주일에 40시간 이상 근로(노동)하는 직원에게는 연장근무 시간에 50%의 가산수당을 지급해야 합니다.

13

연장근무와 당직근무의 차이가 무엇인가요?

(「일직근무, 숙직근무와 연장근무, 야간근무」 유튜브 영상)

한국병원에 근무하는 안 간호사는 항상 아침 9시에 출근해서 저녁 7시에 퇴근합니다. 대한고등학교에 근무하는 김 선생님은 어느 날 평소와 달리 아침 8시에 출근하고 밤 12시에 퇴근했습니다. 저녁 시간 이후 학교에 남아 경비원과 함께 안전관리 업무를 수행하였기 때문입니다. 안 간호사와 김 선생님은 연장근무를 했을까요? 당직근무를 했을까요? 결론부터 말씀드리면 안 간호사는 연장근무를, 김 선생님은 당직근무를 했습니다. 그럼 연장근무와 당직근무는 어떻게 구분할까요?

연장근무와 당직근무는 헷갈리기 쉽습니다. 정확히 구분하지 못하면 사업주와 근로자(노동자) 간의 오해로 임금이 체불되거나 과지급될 수도 있습니다.

연장근무는 앞서 설명해 드렸듯이 통상임금의 50%를 추가수당으로 지급합니다. 그런데 당직근무는 50%의 가산수당이 아니라, 회사에서 정한 별도의 당직수당을 지급합니다. 여기에 큰 차이가 있습니다. 그래서 직원의 근무 형태가 연장근무인지 당직근무인지를 명확히 구분해야 합니다.

연장근무는 근로자(노동자)가 원래 하던 일이 계속 이어짐을 뜻합니다. 병원의 간호사가 밤에 남아서 환자 간호를 계속한다면 연장근무입니다. 반면 직원이 원래 업무가 아닌 다른 일을 한다면 당직근무입니다. 예를 들어 학교 선생님이 밤에 남아 경비 업무를 하거나 기타 시설물 관리를 한다면 당직근무입니다. 연장근무와는 명백히 다릅니다.

마지막으로 정리하자면 연장근무는 직원이 원래 하던 일을 밤 또는 주말에 근무시간을 초과해서 계속하는 것입니다. 연장근무는 50%의 가산수당을 줍니다.

당직근무는 직원이 하던 일이 아닌 다른 업무를 일시적으로 맡아서 하는 것입니다. 당직근무는 회사에서 별도로 정한 수당을 지급하면 됩니다. 당직수당은 소득세법 제12조에 근거해 비과세 항목에도 들어갑니다. 그래서 20만 원까지는 비과세 혜택을 볼 수 있다는 차이점도 있습니다.

급여를 설계할 때 직원의 추가근무가 연장근무인지 당직근무인지를 정확하게 구분해서 계산할 필요가 있습니다. 경우에 따라 급여가 상당히 많이 차이 날 수도 있으니 유의하시기 바랍니다.

> ★ Key Point
>
> 연장근무는 근로자(노동자) 본인이 기존에 하던 업무를 계속 이어서 하는 것입니다. 당직근무는 근로자(노동자) 본인의 기존 업무와 무관한 업무를 수행하는 것입니다. 임금에도 차이가 있습니다. 연장근무는 50%의 가산수당을 지급하며, 당직근무는 회사에서 정한 당직수당을 별도로 지급하면 됩니다

14

식비는 꼭 지급해야 하나요?

(「노무QnA 11번~15번」 유튜브 영상)

음식점을 운영하는 사장님께 전화를 받은 적이 있습니다. 사장님은 직원들에게 180만 원의 월급을 주고 있었습니다. 이는 식비가 포함된 금액입니다. 사장님은 결과적으로 최저임금 이상의 월급을 지급하니 최저임금법 위반이 아니라고 생각했습니다. 당연히 식비도 사장님이 지급하는 임금이니까 최저임금에 포함해야 한다는 주장입니다. 사장님의 주장이 상식적으로 틀린 말은 아니지만, 법적으로는 따져 봐야 할 문제입니다.

일반적으로 회사는 점심식사를 제공하거나 식비를 현금으로 지급합니다. 그런데 식사 제공이나 식비 지급은 의무 사항이 아닙니다. 사장님이 많이들 착각하시는 부분입니다. 근로기준법에는 식사 제공이나 식비 지급에 관한 규정이 없습니다. 물론 회사의 내규나 규정에 따라 식비를 제공하기도 합니다. 하지만 법적 의무 사항은 아니기 때문에 식비를 지급하지 않아도 문제가 되지는 않습니다.

그리고 한 가지 아셔야 할 부분이 있습니다. 원래 식비나 교통비 같은 복리후생비용은 최저임금에 포함되지 않았습니다. 최저임금과는 별개였죠. 만약 직원에게 식비를 지급해 줬다면 최저임금과는 별도로 지급했다고 생각하셔야 합니다. 그런데 이 부분을 많은 사장님이 착각하십니다. 예를 들어 한 달에 식비 10만 원을 줬으니 이를 포함한 금액이 최저임금 이상이면 문제가 없을까요? 그렇지 않습니다.

단지 2019년부터는 최저임금 산입범위가 변경되었습니다. 정기상여금과 복리후생비 규정이 바뀌었습니다. 식비는 복리후생비로 들어가기 때문에 일부가 최저임금 계산 시에 포함됩니다. 최저시급 월 환산액의 7%(2019년 기준)를 초과하는 금액부터는 식비도 최저임금에 산입하게끔 바뀌었습니다.

예를 들어 설명해 드리겠습니다. 올해 최저시급 월 환산액은 1,745,150원이고 7%는 122,160원입니다. 매월 지급하는 식비 중에 122,160원을 초과하는 금액은 최저임금에 포함시킬 수 있습니다. 작년까지 식비는 금액에 관계없이 최저임금과 별도로 지급해야 했습니다. 하지만 2019년부터는 7%인 122,160원까지만 별도의 식비로 인정되고 그 이상은 최저임금에 포함됩니다.

그리고 그 비율은 2020년 5%, 2021년 3%, 2022년 2%, 2023년 1%, 2024년 0%까지 줄어듭니다. 결국 <u>2024년부터 식비는 최저임금에 전부 산입됩니다.</u> 다만 2024년 이전에는 식비를 지급하더라도 산입 비율 이하의 금액은 최저임금과 별도이니 유의하시기 바랍니다.

> ★ Key Point
>
> 식비는 규정상 지급 의무가 없습니다. 다만 2019년부터는 최저임금을 계산할 때 식비의 일부를 포함시킬 수 있도록 바뀌었습니다. 매년 산입 범위가 늘어나서 2024년부터 식비 전체가 최저임금에 포함됩니다.

15

지각이나 조퇴가 3회 이상이면 결근 처리해도 되나요?

(「노무QnA 11번~15번」 유튜브 영상)

학창 시절에는 결석 없이 개근을 하면 개근상을 받습니다. 저도 개근상을 많이 받았는데, 간혹 이런 경우가 있습니다. 몸이 아파서 지각을 하거나 조퇴를 하는 거죠. 학교에서는 지각이나 조퇴를 3회 이상 하면 1회 결석으로 처리되어 개근상을 받지 못합니다. 그런데 회사생활에도 비슷하게 적용할 수 있을까요? 지각이나 조퇴를 세 번 이상 하면 결근으로 처리할 수 있을까요?

예를 들어 아침 9시부터 저녁 6시까지가 근로(노동)시간인 회사가 있습니다. 그런데 어떤 직원이 오후 5시 30분에 출근을 했다면 사실상 결근으로 봐야 할까요? 하지만 이는 지각일 뿐 결근이 아닙니다. 만근을 하지 않았더라도 퇴근 시간 전에만 나오면 일단은 출근으로 처리됩니다. 결근은 아닙니다.

이번엔 질문을 살짝 바꿔 보겠습니다. 지각이나 조퇴한 시간의 합이 하루 근무시간(8시간)을 넘어가면 한 번의 결근으로 처리할 수 있을까요?

예를 들어 직원이 3시간을 지각했습니다. 그리고 어느 날 조퇴를 해서 4시간을 빠졌습니다. 또 다른 날 1시간을 지각했습니다. 이렇게 지각과 조퇴시간이 총 8시간을 넘겼습니다. 하루 근무시간인 8시간을 넘겼으니 결국 하루를 근무하지 않았다고 간주해 결근으로 처리해도 될까요? 아닙니다. 이 역시 위법입니다. 단 1시간이든 30분이든 5시간이든 출근해서 일을 했다면 결근으로 간주할 수 없습니다.

그럼 사장님은 너무 불합리하다고 생각하시겠죠? 그러나 취업규칙 같은 회사내규에 지각이나 조퇴 규정을 넣으면 됩니다. 지각이나 조퇴 시 연차휴가나 별도 수당에서 차감한다는 내용을 넣어 놓고 규정에 따라 처리하면 됩니다. 수당을 주실 때 차감하고 지급하는 식으로 조치를 취할 수 있습니다.

또한 연차휴가를 지급하는 조건에도 주의해야 할 부분이 있습니다. 연차휴가는 상시근로자 5인 이상 사업장에서 1년 동안 80% 이상을 출근한 직원에게 지급됩니다. 더불어 2018년 5월 29일부터는 1년 미만의 근로자(노동자)도 1개월간 개근 시 하루의 연차휴가를 사용할 수 있으며 1년 후 지급되는 15일의 연차휴가에서 차감하지 않습니다. 그런데 하루에 3시간이든, 5시간이든 출근을 했다면 하루의 출근으로 계산됩니다. 그래서 80% 이상 출근하면 연차휴가가 주어집니다. 때문에 <u>지각이나 조퇴를 수차례 반복하더라도 이는 출근으로 간주</u>한다는 점 기억하시기 바랍니다.

만약 근로계약서에 '지각, 조퇴가 3회 이상이면 결근 한 번으로 간주한다' 같은 내용이 있다면 위법이니 빠른 수정이 필요합니다.

★ Key Point

지각이나 조퇴를 수차례 반복하더라도 결근으로 처리할 수는 없습니다. 연차휴가는 1년간 출근율이 80% 이상일 때 지급합니다. 다만 출근율에 지각이나 조퇴는 영향을 미치지 않습니다. 별도의 규정에 따라 수당에서 차감할 수는 있습니다.

16

모든 사업장이 52시간으로 근로시간 단축을 해야 하나요?

(「노무QnA 11번~15번」 유튜브 영상)

여러분은 일주일을 월요일부터 일요일까지라고 생각하시나요? 아니면 월요일부터 금요일까지라고 생각하시나요? 월요일부터 금요일까지라고 생각하면 일주일은 5일이고 2일이 남습니다. 월요일부터 일요일까지라고 생각하면 일주일은 7일이니 남는 날이 없습니다. 간단히 얘기해서 근로(노동)시간 단축은 일주일을 새롭게 규정했다고 생각하시면 됩니다.

<u>연장근무는 규정상 일주일에 12시간까지만 허용됩니다.</u> 일주일이 5일이면 2일이 남으니, 52시간에 휴일근무 16시간을 추가할 수 있겠죠. 그래서 기존에는 주 68시간까지 근로(노동)가 허용되었습니다. 반면 일주일이 7일이면 이미 52시간을 채웠기 때문에 더 이상 근로(노동)를 할 시간이 없습니다. 이를 염두에 두고 이해하시면 됩니다.

우선 52시간의 개념을 설명해 드리겠습니다. 하루에 근로(노동)하는 시간을 평균 8시간으로 잡습니다. 8시간씩 5일 근로(노동)하면 일주일에 40시간입니다. 그리고 연장근무는 법에 따라 일주일에 최대 12시간까지 가능합니다. 이를 합하면 52시간이 됩니다.

주 52시간 제도는 예전부터 있었습니다. 그런데 기존에는 일주일을 월요일부터 금요일까지로 해석했습니다. 일주일에 40시간을 일하고, 12시간 연장근무를 하면 52시간이 됩니다. 그런데 일주일에 포함되지 않은 토요일과 일요일이 남습니다. 이틀 동안 추가로 8시간씩 더 일할 수 있으니 월요일부터 일요일까지 총 68시간 근로(노동)가 허용된 셈이었습니다.

일주일을 월요일부터 금요일까지가 아니라 일요일까지로 규정하면 기존의 16시간 추가근무가 불가능해집니다. 그래서 일주일 동안 40시간 근무에 연장근무를 합친 52시간까지만 최대로 근로(노동)할 수 있다는 게 단축근무제입니다. 이는 법적 제한입니다. 16시간을 합쳐서 주 68시간 근로(노동)를 할 수 없습니다.

더불어 기존의 근로(노동)시간 특례업종 또한 26개에서 5개로 축소되었습니다. 이제 더 이상 52시간을 초과하여 근로(노동)시키는 형태는 거의 불가능하다고 볼 수 있습니다.

※ <u>근로기준법 제59조(근로시간 및 휴게시간의 특례)</u>에 따른 근로(노동)시간 특례업종

변경 전 (26개 업종)	변경 후 (5개 업종)
보관·창고업, 자동차 부품판매업, 도매 및 상품중개업, 소매업, 금융업, 보험 및 연금업, 금융 및 보험 관련 서비스업, 우편업, 교육서비스업, 연구개발업, 시장조사 및 여론조사업, 광고업, 숙박업, 음식점 및 주점업, 건물·산업설비 청소 및 방제서비스업, 미용·욕탕업 및 유사서비스업, 육상운송 및 파이프라인 운송업, 수상운송업, 항공운수업, 기타 운송 관련 서비스업	육상운송 및 파이프라인 운송업(다만, 노선여객 자동차운송사업은 제외), 수상운송업, 항공운수업, 기타 운송 관련 서비스업, 보건업

변경 전 (26개 업종)	변경 후 (5개 업종)
영상·오디오 기록물 제작업 및 배급업, 방송업, 전기통신업, 보건업, 하수·폐수 및 분뇨처리업, 사회복지서비스업	

단축근무제는 2018년부터 시행됐습니다.

2018년 7월 1일부로 상시근로자 300인 이상 사업장과 공기업부터 주 52시간제가 적용됐습니다. 상시근로자 50인 이상 299인 이하 사업장은 2020년 1월 1일부터, 상시근로자 5인 이상 49인 이하 사업장은 2021년 7월 1일부터 적용됩니다.

다소 갑작스럽게 단축근무제를 시행하다 보니 사실상 2019년 상반기까지는 유예기간을 주었습니다. 소상공인에 해당하는 상시근로자 5인에서 49인까지의 사업장은 2021년 7월 1일부터 근로(노동)시간 단축이 시행되니 미리 제도를 정비하는 등 준비를 해 두시기 바랍니다.

더불어 근로(노동)시간을 조기에 단축하고 근로자(노동자)를 추가로 채용하면, 추가 채용인원뿐만 아니라 기존 직원도 고용노동부 지원금(일자리 함께하기) 혜택을 받을 수 있습니다. 뒤에 간략하게 설명을 드리겠지만 보다 자세한 내용이 필요하시면 고용노동부 홈페이지에서 확인해 보실 수 있습니다.

일자리 함께하기 지원금 안내

주 근로시간 단축, 실 근로시간 단축, 교대근로 개편, 정기 교육훈련 또는 안식휴가 부여 등 '일자리 함께하기' 제도를 새로 도입하거나 확대하고, 실업자를 고용하여 근로자(노동자) 수가 증가한 경우 지원금이 지급됩니다.

★ Key Point

기존에는 주 40시간 근무와 연장근무 12시간에 휴일근무 16시간을 포함하여 일주일간 총 68시간의 근로(노동)가 허용되었습니다. 이제는 규정이 변경되어 연장근무를 포함하여 일주일간 최대 52시간까지만 근로(노동)를 할 수 있습니다. 물론 사업장의 상시근로자 수에 따라 단계적으로 시행됩니다.

17

연차휴가 사용촉진제도가 무엇인가요?

(「노무QnA 1번~5번」 유튜브 영상)

연차휴가는 1년에 15일이 주어집니다. 2018년 5월 29일에 개정된 규정에 따라, 1년 미만의 신입 직원도 1개월 만근 시에 1일의 연차휴가가 지급됩니다.(정확히 얘기하면 1년 차에 사용한 연차휴가가 2년 차 연차휴가에서 차감되지 않는다는 뜻입니다) 입사 1년 후부터 2년이 지날 때마다 하루씩 추가되어 최대 25일까지 늘어납니다. 근로자(노동자)는 연차휴가가 발생한 시점부터 1년 안에 모두 사용해야 합니다. 만약 사용하지 못한 연차휴가가 있다면 수당으로 지급해야 합니다. 사업주는 미사용 연차휴가에 대한 수당 지급 의무가 있습니다.

그럼 연차휴가 사용촉진제는 무엇일까요?

우선 말 그대로 직원이 연차휴가를 사용하도록 촉진시키는 제도입니다. 연차휴가 사용이 종료되는 시점의 6개월 전에 1차 사용촉진을 합니다. 이때 주의하실 부분은 반드시 서면으로 사용촉진을 해야 한다는 점입니다. 1차 사용촉진을 했는데도 직원이 사용을 하지 않으면 연차휴가 사용 종료 2개월 전에 한 번 더 서면 통보합니다. 두 번의 사용촉진에도 불구하고 근로자(노동자)가 휴가를 사용하지 않으면 연차휴가가 소멸될 수 있습니다.

연차휴가가 소멸되는 상황은 이렇습니다.

첫째, 연차휴가가 지급된 날부터 1년이 지나도록 사용을 하지 않으면 수당으로 지급하거나 소멸됩니다. 대부분은 근로자(노동자)에게 수당으로 지급해야겠지요.

둘째, 연차휴가 사용을 촉진하는 경우입니다. 만약에 6개월 전과 2개월 전에 각각 사용촉진을 했는데도 사용을 하지 않으면 연차휴가는 소멸되며 수당도 없습니다.

그런데 직원이 연차휴가 사용촉진을 받았지만, 회사 업무 때문에 상급자 눈치를 보며 연차휴가를 사용하지 못하는 경우가 있을 수 있습니다. 혹은 서류상으로는 연차휴가를 사용했다고 하고 실제로는 출근을 하여 업무를 보게 할 수도 있습니다.

이는 문제의 소지가 있습니다. 직원이 회사의 강압으로 실제 휴가를 사용하지 못하고 근로(노동)를 하였다고 주장한다면 상황에 따라 미사용 연차휴가를 수당으로 지급해야 할 수도 있습니다. 그러니 사장님께서는 직원이 실제로 연차휴가를 사용하도록 권유하시기를 추천해 드립니다.

★ Key Point

연차휴가는 수당 지급이 아니라 실제 휴가 사용이 원칙입니다. 연차휴가를 사용하지 않는 직원에게 연 2회 사용촉진을 하여 독려할 수 있습니다. 합법적인 사업주의 사용촉진에도 불구하고 근로자(노동자)가 사용하지 않은 연차휴가는 소멸될 수도 있습니다.

18

연차휴가 대체 합의서가 무엇인가요?

(「노무QnA 11번~15번」 유튜브 영상)

민간기업에 종사하는 근로자(노동자)의 법정휴일은 공휴일이 아닌 근로자의 날(노동절)과 주휴일(일주일에 1일)입니다. 흔히들 공휴일을 모두가 쉬는 공동의 휴일이라고 착각합니다. 공휴일은 공공기관에 종사하는 공무원의 휴일입니다. 공휴일에 민간기업 직

원이 근로(노동)를 한다고 근로기준법 위반은 아닙니다.(2019년 기준)

연차휴가를 살펴보겠습니다. 연차휴가 지급 기준은 상시근로자 5인 이상 사업장입니다. 상시근로자가 5인 이상인 사업장은 연차유급휴가를 반드시 지급해야 합니다. 1년간 출근율이 80% 이상이면 15일의 연차휴가가 발생합니다. 여기서 말하는 80%는 1년 365일의 80%가 아닙니다. 근로자(노동자)가 출근을 해야 하는 날의 80%입니다. 2018년 5월 29일부터는 연차휴가 규정이 개정되어서 1년 미만의 신입 근로자(노동자)에게도 1개월에 1일의 연차휴가를 지급해야 합니다.

상시근로자 5인 미만 사업장은 회사내규에 별도 지급 규정이 없다면 법적으로 보장되는 연차휴가가 없습니다. 그러면 직원에게 지급되는 연차휴가를 공휴일에 대체 사용하도록 할 수 있는지 알아보겠습니다.

우리가 흔히 알고 있는 공휴일은 양력설, 설 연휴, 3·1절, 석가탄신일, 어린이날, 현충일, 광복절, 추석 연휴, 개천절, 한글날, 성탄절, 임시 공휴일, 대체 공휴일 등입니다. 연차휴가를 이런 공휴일에 대체해서 사용하게 해도 될까요?

결론부터 말씀드리면 연차휴가 대체 합의서를 작성한 상시근로자 5인 이상 사업장에서는 연차휴가를 공휴일에 대체하여 사용할 수 있습니다. 연차휴가 대체 합의서는 근로자(노동자)에게 주어진 15일의 연차휴가를 공휴일에 쓸 수 있도록 사업주와 근로자(노동자)가 상호 합의한 문서입니다. 직원들이 선임한 대표가 사업주와 합의하고 서명하면 연차휴가를 공휴일에 대체해서 사용할 수 있습니다.

그런데 이렇게 되면 직원에게 주어진 15일의 연차휴가를 공휴일에 다 쓰도록 하여 연차휴가가 사실상 유명무실해질 우려가 있습니다. 그래서 앞으로는 공휴일을 공무원뿐만 아니라 민간기업의 근로자(노동자)도 쉴 수 있는 법정휴일로 지정하도록 근로기준법이 바뀝니다. 물론 모든 민간기업에 동시 적용되지는 않고 상시근로자 수에 따라 단계적으로 진행됩니다. 따라서 연차휴가 대체 합의서는 2021년까지만 유효합니다. 2022년부터는 연차휴가를 공휴일에 대체해서 사용할 수 없습니다.

공휴일이 민간기업의 근로자(노동자)에게도 법정휴일로 변경되는 시점은 아래와 같습니다.

- 상시근로자 300인 이상의 사업장: 2020년 1월 1일
- 상시근로자 30~299인의 사업장: 2021년 1월 1일
- 상시근로자 5~29인의 사업장: 2022년 1월 1일

★ Key Point

상시근로자 5인 이상 사업장은 1년에 15일 이상의 연차휴가를 반드시 지급해야 하는데, 이를 공휴일에 대체 사용하도록 합의할 수 있습니다. 물론 사업주와 근로자(노동자)의 서면합의가 선행되어야 합니다. 이때 근로자(노동자)는 대표를 선임하여 합의를 합니다.

19

통상임금과 평균임금이 무엇인가요?

(「노무QnA 6번~10번」 유튜브 영상)

    통상임금과 평균임금은 각종 수당, 실업급여, 퇴직금 등을 산정할 때 사용되는 임금의 단위입니다. 두 용어의 차이점을 궁금해하시는 분들이 간혹 있기에 설명을 드리겠습니다.

1. 통상임금

첫째, 통상임금은 정기적, 일률적으로 지급하는 금액입니다. 시점으로 보면 미래이고 고정성을 띱니다. 지급하기로 예정한 금액이라는 뜻입니다. 급여항목 중 기술수당, 근속수당, 가족수당(모든 근로자(노동자)에게 지급), 성과급(한도가 보장), 상여금(정기 지급) 등이 통상임금에 해당됩니다.

둘째, 통상임금은 초과근로수당, 연차수당 등 각종 수당을 계산할 때 사용됩니다. 최저임금처럼 시간 단위로 계산한다고 보시면 됩니다. 그래서 통상임금의 단위는 시급입니다.

셋째, 통상임금은 월 통상임금을 월 근로(노동)시간으로 나눠서 시급으로 계산합니다. 최저시급을 계산할 때 많이 사용하는 방법입니다. 월 통상임금을 월 근로(노동)시간으로 나누면 통상시급이 되겠죠. 그래서 이를 최저시급 계산할 때 씁니다.

2. 평균임금

첫째, 평균임금은 지급한 임금의 총액입니다. 시점으로 보면 과거이고 변동성을 띠며, 지금까지 지급한 총액입니다. 급여항목 중 기본급, 연차유급휴가수당, 가산수당, 직책수당, 일직수당 등이 평균임금에 해당됩니다.

둘째, 평균임금은 생활보장 의미를 가진 실업급여, 퇴직금 등을 계산할 때 사용됩니다. 가끔 평균임금 단위를 착각하시는 분들이 있는데 평균임금은 한 달 치가 아니라 하루 치, 즉 일급으로 계산합니다.

셋째, 평균임금은 지급한 임금 총액을 직전 3개월 일수로 나누어 계산합니다. 그런데 직전 3개월의 일수는 시기에 따라 다를 수 있습니다. 2월이 포함되면 짧아지고, 7~9월로 계산하면 좀 길어지죠. 그래서 직전 3개월은 최저 89일에서 최대 92일까지 나옵니다. 직전 3개월 일수에 따라 퇴직금도 조금씩 달라질 수 있습니다. 근로자(노동자)가 5월에 퇴사를 하면 직전 3개월이 2, 3, 4월이기 때문에 6월에 퇴사하는 경우보다 퇴직금이 조금 더 많을 수 있습니다.

※ 통상임금과 평균임금 정리표

구분	통상임금	평균임금
정의	근로자(노동자)에게 정기적이고 일률적으로 소정근로(노동) 또는 총근로(노동)에 대해 지급하기로 정한 시간급 금액, 일급 금액, 주급 금액, 월급 금액 또는 도급 금액	산정해야 할 사유가 발생한 날 이전 3개월 동안에 근로자(노동자)에게 지급된 임금의 총액을 기간의 총일수로 나눈 금액
목적	연장 / 야간 / 휴일수당 등 계산 해고 예고 수당	퇴직금 계산 실업급여(구직급여)

구분	통상임금	평균임금
결정시기	근로계약 체결 시	사유 발생 시
항목	기술수당, 근속수당, 가족수당(모든 근로자(노동자)에게 지급), 성과급(한도가 보장), 상여금(정기 지급)	기본급, 연차유급휴가수당, 가산수당, 직책수당, 일직수당

★ Key Point

통상임금이란 근로자(노동자)에게 정기적, 일률적, 고정적으로 소정근로(노동) 또는 총근로(노동)에 대해 지급하기로 정한 시간급, 일급, 주급, 월급 또는 도급 금액을 말합니다. 평균임금이란 급여를 산정해야 할 사유가 발생한 날의 직전 3개월간 근로자(노동자)에게 지급된 임금의 총액을 기간의 총일수로 나눈 금액입니다. 통상임금(단위는 시급)은 지급하기로 한 기본급, 최저임금과 유사하며, 평균임금(단위는 일급)은 받은 총급여라 생각하시면 됩니다.

20 두루누리 사회보험료 지원이 무엇인가요?

(「노무Q&A 6번~10번」 유튜브 영상)

두루누리 사회보험료 지원사업을 설명해 드리겠습니다. 우선 사회보험은 4대보험을 뜻합니다. 산재보험, 고용보험, 국민건강보험, 국민연금 4가지를 4대보험이라고 하는데 정식 명칭은 사회보험입니다.

사회보험은 정부에서 관리하는 공적보험입니다. 그래서 영세한 소상공인도 사회보험에 모두 가입할 수 있도록 정부 지원금을 투입하여 독려합니다. 두루누리 사회보험료 지원사업은 이런 정부의 지원서비스 가운데 하나입니다.

지원대상은 상시근로자 10인 미만의 소상공인 사업장입니다. 2018년에는 월평균 보수액이 190만 원 미만인 사업장이 대상이었습니다. 월평균 보수액은 월평균 총급여에서 비과세를 뺀 금액입니다. 2019년 기준으로는 해당 금액이 210만 원 미만인 사업장의 근로자(노동자)가 지원대상입니다.

두루누리 사회보험료 지원사업은 고용보험과 국민연금을 보조해 주는데 최대 90%까지 입니다. 다만 모든 사업장에 90%를 지원해 주지는 않습니다. 상시근로자 5인 미만의 사업장에서 신규 채용하는 직원에 대해 90%까지 사업주에게 지원합니다. 상시근로자 5인 이상 10인 미만의 사업장에는 80%까지 지원합니다. 그리고 기존 근로자(노동자)에 대해서는 40%까지 보조를 해 줍니다. 지원율은 해마다 조금씩 변경되니 매년 별도의 확인이 필요합니다.

월평균 보수액 190만 원을 기준으로 계산해 보겠습니다. 상시근로자 5인 미만의 사업장에서 신입 직원을 채용한다면 사업주에게 월 92,340원(90%)이 지원됩니다. 이 중에서 고용보험 지원액은 15,390원이고 사업주는 월 1,710원을 부담하면 됩니다. 국민연금 지원액은 76,950원이며 사업주는 8,550원을 부담합니다. 상시근로자 수 5인 이상 10인 미만의 사업장에는 월 82,080원(80%)이 지원됩니다.

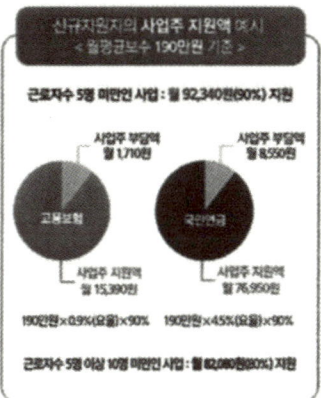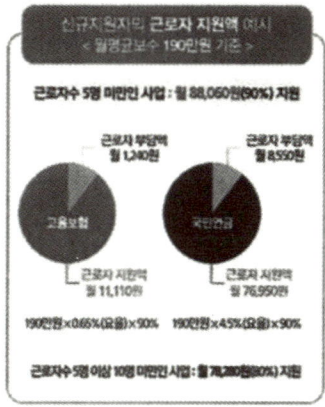

<그림> 두루누리 사회보험료 지원 홈페이지 참고
(http://insurancesupport.or.kr)

또한 2018년부터 시행된 일자리안정자금도 있습니다. 일자리안정자금은 최저임금 인상으로 힘들어하는 소상공인 사업주를 위해 정부가 인건비를 일부 보조해 주는 사업입니다. 일자리안정자금과 두루누리 사회보험료 지원을 함께 활용하시면 꽤나 경비 절감 혜택을 보실 수 있습니다. 두루누리 사회보험료 지원 홈페이지에서 자세한 사항을 추가로 확인하실 수 있습니다.

★ **Key Point**

　두루누리 사회보험료 지원사업은 4대보험 중 고용보험과 국민연금에 부담을 느끼는 상시근로자 10인 미만 소규모 사업장의 보험료를 일부 지원하는 사업입니다.

21
우리 회사도 일자리안정자금을 받을 수 있나요?

(「일자리안정자금 보수 기준에 대하여」 유튜브 영상)

일자리안정자금은 최저임금 인상에 따른 소상공인 및 영세 중소기업의 경영부담을 완화하고 근로자(노동자)의 고용불안을 해소하기 위한 지원사업입니다. 2018년에 최저임금이 큰 폭으로 올랐습니다. 인건비 부담이 큰 소상공인을 위해 정부에서는 일자리안정자금을 신설하여 해당되는 사업장에 지원을 해 주고 있습니다. 정부에서 지원하는 사업이니 조건에 해당하는 사업주는 확인하시어 혜택을 받으시기 바랍니다.

일자리안정자금은 월평균 보수 210만 원 이하의 근로자(노동자)를 고용한 상시근로자 30인 미만의 사업장이 지원대상입니다. <u>상시근로자 5인 미만 사업장은 1인당 월 최대 15만 원, 5인 이상 사업장은 1인당 월 최대 13만 원입니다.</u> 소정 근로시간 주 40시간 미만의 단시간 근로자(노동자)는 근로시간에, 일용근로자(노동자)는 월 근로(노동)일수에 비례하여 차등 지급합니다.

다만 과세소득이 5억 원(개인사업주는 사업소득 금액, 법인은 당기순이익)을 초과하거나 임금체불로 명단이 공개 중인 사업주, 국가 등에게서 인건비 재정지원을 받고 있는 사업주 또는 근로자(노동자)는 제외됩니다. 업종 특성 및 인건비 부담 주체(입주민) 등을 감안하여 공동주택(아파트, 연립주택, 다세대주택) 경비원이나 청소원은 상시근로자 30인 이상인 경우에도 지원됩니다.

사업주는 일자리안정자금을 지원받는 기간에는 '고용조정'으로 일자리안정자금 지원대상 근로자(노동자)를 퇴직시켜서는 안 됩니다. 만약 불가피한 경우라면 이를 소명하여야 합니다. 더불어 고용여건 개선 및 사각지대 해소를 위한 지원대상 확대 차원에서 만 55세 이상 고령자를 고용한 300인 미만 사업장, 고용위기지역이나 산업위기대응 특별지역 소재 300인 미만 사업장, 취약계층 근로자(노동자) 고용 사회서비스 제공기관은 규모와 상관없이 지원이 가능합니다.

지원요건 및 내용은 다음과 같습니다.

- 월평균 보수액 210만 원 이하 근로자(노동자)를 고용한 사업주
- 지원금 신청 이전 1개월 이상 고용 유지
- 최저임금 준수 및 고용보험 가입
- 사회보험 미가입자도 일자리안정자금 혜택을 누릴 수 있도록 사회보험료 대폭 경감
 (두루누리 사회보험료 지원, 사회보험료 세액 공제 등)
- 기존 근로자(노동자)는 최소한 전년도 보수 수준 유지
- 특수 관계인은 지원에서 제외

최초 지원은 지급 결정일에서 최대 3일 내에 지급하되, 불가피한 사유가 없다면 신속히 지급하며, 2회분부터는 매월 15일에 지급합니다. 개인은 개인사업주, 법인은 법인, 공동주택 경비원이나 청소원은 입주자 대표회의 통장으로 지급합니다. 사회보험료는 건강보험공단에서 사업장별 4대보험 월별 고지금액에 따라 안분하여 대납 처리합니다.

★ Key Point

월평균 보수 210만 원 이하의 근로자(노동자)가 해당됩니다. 상시근로자 5인 미만 사업장은 월 15만 원, 5인 이상 사업장은 월 13만 원이 지급됩니다.(일자리안정자금 홈페이지 참조) 지자체별 추가 지원금이 있으니 지역별로 확인이 필요합니다.

22
일자리안정자금 신청 시 보수 기준이 무엇인가요?

(「일자리안정자금 보수 기준에 대하여」 유튜브 영상)

　　일자리안정자금 보수 기준에 관한 질문입니다. 일자리안정자금은 월평균 보수가 210만 원 이하인 근로자(노동자)에 대해 신청할 수 있습니다. 그러면 여기서 얘기하는 보수가 뭔지 살펴보겠습니다.

월평균 보수 210만 원 이하의 근로자(노동자)에 대해 일자리안정자금이 지원됩니다. 그러면 220만 원, 230만 원을 급여로 받는 근로자(노동자)에 대해서는 일자리안정자금 신청이 불가능할까요? 아닙니다. 가능할 수도 있습니다.

우선 보수의 개념을 알아볼 필요가 있습니다. 보수를 그냥 급여, 즉 월급의 전부라고 생각하면 안 됩니다. 월평균 보수는 직원이 받는 월 급여에서 [비과세]를 뺀 금액입니다. 그럼 비과세는 무엇일까요?

소득세법에는 비과세 항목이 여러 가지가 있습니다. 40여 가지 중에 대표적인 비과세 항목은 여러분도 잘 아시는 식비, 차량운행비, 교통비, 복리후생비 그리고 생산직 근로자의 연장수당, 당직수당 등입니다. 비과세 항목과 관련해서는 소득세법 제12조에 규정되어 있습니다.

급여에서 비과세 항목을 빼면 보수가 되고, 그 금액이 210만 원 이하인 근로자(노동자)에 대해서 일자리안정자금 신청이 가능합니다. 결과적으로 받는 급여가 얼마이든 비과세 항목을 제외한 월평균 보수가 210만 원 이하라면 신청이 가능하다는 뜻입니다. 이를 알지 못해서 신청을 못 하시는 사장님들이 있는데 다시 한번 확인해 보시기 바랍니다.

★ **Key Point**

　일자리안정자금을 신청하는 기준은 근로자(노동자)의 월평균 보수 210만 원 이하입니다. 보수는 근로자(노동자)가 받는 총급여 중 비과세를 뺀 나머지 임금을 뜻합니다. 그러므로 실제 급여가 210만 원을 넘어도 일자리안정자금을 신청할 수 있는 경우가 있습니다.

23. 성희롱예방교육을 꼭 해야 하나요?

(「성희롱 예방교육, 장애인인식개선교육」 유튜브 영상)

성희롱예방교육 많이 들어 보셨죠? 사업장에서 꼭 하도록 법이 정한 교육이며, 이를 법정의무교육이라고 합니다. 법정의무교육은 성희롱예방교육을 포함하여 개인정보보호법교육, 장애인인식개선교육, 산업안전보건교육, 감정노동자보호교육, 퇴직연금교육 등이 있습니다.

이 중 성희롱예방교육을 가장 많이 들어 보셨으리라 생각합니다. <u>성희롱예방교육은 상시근로자가 1인이라도 있는 모든 사업장에서 실시해야 하며, 1년에 1회 실시합니다.</u> 이를 어기면 과태료가 최대 500만 원까지 부과될 수 있습니다. 2018년에 과태료가 최대 300만 원에서 500만 원으로 인상되었습니다. 그만큼 성희롱예방교육을 중요하게 다룬다는 증거이겠지요.

꽤 무거운 과태료 기준에 비하면 성희롱예방교육 방법은 그리 어렵지 않습니다. 지금부터 말씀드리는 부분만 정확히 시행하신다면 근로감독 시 불필요하게 과태료를 부과받는 일은 없을 것입니다.

첫째, 사업장의 상시근로자가 10인 이상인지 미만인지를 먼저 구분하면 됩니다. 상시근로자 10인 이상의 사업장은 1년에 1회 집합교육을 진행해야 합니다. 상시근로자 10인 미만의 사업장도 1년에 1회 시행은 똑같지만, 집합교육이 아닌 자료 회람 후 서명으로도 대체가 가능합니다. 그리고 사업장 근로자(노동자)가 모두 동성일 경우에도 동일하게 적용 가능합니다.

둘째, 그럼 강사는 누가 하면 될까요? 해당 사업장의 사업주나 담당 직원을 강사로 선임하여 진행하면 됩니다. 여의치 않다면 고용노동부 홈페이지를 참고하면 됩니다. 고용노동부에서는 성희롱예방교육 추천강사를 상시 게시하고 있으니, 이를 참고해서 강사를 초청하여 진행하면 됩니다. 성희롱예방교육을 전문적으로 강의하는 전문강사를 따로 초빙하여 진행해도 됩니다. 물론 상황에 따라 강사료가 지불될 수도 있습니다. 다만 성희롱예방교육을 핑계로 상품 판매를 하는 행위는 지양하시기 바랍니다.

셋째, 준비해야 할 서류를 말씀드리겠습니다. 외부기관을 통해 진행하면 그쪽에서 모든 준비를 합니다. 하지만 소상공인 사업주는 외부 강사 초빙을 위해 비용을 지불할 여력이 없기에 대부분 자체적으로 진행합니다. 보통 사업주나 회사의 담당자가 직접 진행하는데, 진행에 필요한 교육자료, 교육일지, 참석자 명단 등을 구비하면 됩니다. 교육자료는 고용노동부나 여성가족부에서 수시로 배포하니 이를 활용하시면 됩니다. 더불어 교육일지와 참석자 명단 또한 쉽게 구할 수 있으며 빠지지 않게 내용을 기입해서 3년간 보관하면 됩니다.

상시근로자가 많은 기업은 외부기관의 전문강사를 초빙하여 1년에 1회 전문적인 강의를 듣고 회사에서 성희롱 사건이 발생하지 않도록 대비하는 것이 좋습니다. 소규모 기업은 전문강사 초빙이 여의치 않다면 회사 자체 강사를 육성하거나 사업주가 직접 진행하는 방법도 있습니다. 1년에 1회 실시하고, 서류를 잘 구비해야 한다는 점을 유념하시기 바랍니다. 그래야 근로감독 시 과태료를 부과받지 않습니다.

참고로 2018년 5월 29일부터 시행 중인 장애인인식개선교육도 정리해 드리겠습니다. 성희롱예방교육과 마찬가지로 1년에 1회 반드시 실시해야 합니다. 많은 분들이 장애인을 고용한 사업장만 해당된다고 착각하십니다. 장애인 고용과 무관하게 상시근로자 1인 이상의 모든 사업장은 장애인인식개선교육을 실시해야 합니다.

앞서 상시근로자 10인 미만의 사업장은 성희롱예방교육을 교육자료 회람으로 대체할 수 있다고 말씀드렸습니다. 장애인인식개선교육도 상시근로자 50인 미만의 사업장은 교육자료 회람으로 대체가 가능합니다. 이는 2019년 기준이며 향후 변경될 수도 있습니다. 그 외에 교육일지, 참석자 명단 등의 서류 구비는 성희롱예방교육과 동일합니다.

★ **Key Point**

성희롱예방교육은 상시근로자 1인 이상의 모든 사업장에서 1년에 1회, 1시간 이상 실시해야 합니다. 이를 시행하지 않으면 최대 500만 원의 과태료가 부과될 수 있습니다. 교육시행 후 교육자료, 교육일지, 참석자 명단 등을 3년간 보관하여야 합니다.

24

과태료와 벌금의 차이가 무엇인가요?

(「과태료와 벌금에 대하여」 유튜브 영상)

과태료와 벌금의 차이를 말씀드리겠습니다. 노동법에는 벌칙조항이 여럿 있습니다. 어떤 조항은 과태료를, 어떤 조항은 벌금을 부과합니다. 두 가지의 차이를 궁금해하시는 분들이 있어서 정리를 해 드리겠습니다.

우선 과태료는 형법상 의무 위반에 대한 제재입니다. 그래서 행정질서벌이라고 합니다. 벌금에 비해 가벼운 제재조치라고 보시면 됩니다. 흔히 접하는 주차위반, 속도위반 딱지 등이 과태료에 해당합니다. 근로기준법 중에 대표적인 과태료 부과 조항을 살펴보겠습니다. 우선 최저임금 공고문을 부착하지 않으면 과태료 최대 100만 원입니다. 그리고 성희롱예방교육을 하지 않으면 과태료 최대 500만 원, 장애인인식개선교육을 하지 않으면 과태료 최대 300만 원입니다. 이처럼 과태료는 형사 처벌이나 구속까지 할 정도는 아닌 비교적 가벼운 위반에 대한 처벌입니다. 주로 서류의 오기나 미작성 등이 과태료 부과 대상입니다.

반면 벌금은 과태료에 비해 강도가 높은 처벌입니다. 전과기록까지 남을 수도 있고 가장 무서운 금전적 형벌이라고도 합니다. 벌금을 미납하면 지명수배나 노역까지도 가능합니다.

앞서 서류 미작성 등이 주요 과태료 부과 대상이라고 말씀드렸습니다. 그런데 서류 중에서 벌금 부과 대상인 것이 있습니다. 바로 근로계약서입니다. 근로계약서를 작성하지 않으면 벌금이 최대 500만 원입니다. 주요 벌금 부과 대상은 근로계약서 미작성, 근로(노동)시간, 휴게시간, 휴일 등의 규정 위반, 연차휴가 미부여, 최저임금 위반, 연장·야간·휴일수당 등의 미지급, 퇴직금이나 해고 예고 수당 미지급 등입니다. 이처럼 벌금은 주로 돈과 관계있다고 보시면 됩니다. 대부분 임금체불과 연관됩니다.

지금까지 살펴보았듯 과태료는 간단한 서류 미작성 등이 부과

대상입니다. 주로 몇백만 원 정도 수준에서 부과됩니다. 반면 벌금은 과태료보다 금액이 훨씬 큽니다. 500만 원부터 몇천만 원까지도 부과됩니다. 형사 제재가 될 수도 있고요.

금전과 관련된 위반 사항에는 주로 벌금이 부과된다는 사실을 염두에 두시기 바랍니다. 또한 벌금은 형사 처벌, 흔히 얘기하는 빨간 줄까지도 갈 수 있기 때문에 좀 더 신경 쓰시고 주의하셔야 할 부분입니다.

★ Key Point

과태료는 서류 등을 구비하지 않았을 때 비교적 가볍게 부과되는 제재조치라고 생각하시면 됩니다. 반면 벌금은 주로 임금 지급이 이루어지지 않았을 때 부과되는 제재조치로 형사 처벌까지 가능합니다. 벌금은 과태료에 비해 형벌적인 성격이 강하다고 생각하시면 됩니다. 노동법 위반 사례 중에서 과태료와 벌금 부과 기준을 구분해서 확인하시기 바랍니다.

25
근로감독이 나오면 무엇을 보나요?

(「근로감독 5가지 핵심 점검사항」 유튜브 영상)

"우리 사업장에 근로감독이 나온답니다. 어떤 걸 준비하면 좋을까요?"

근로감독이 나왔을 때 확인하는 점검표를 보면 세부 항목이 상당히 많습니다. 그중에 우선적으로 준비해야 할 부분을 5가지로 요약해 보겠습니다.

첫 번째는 <u>임금</u>입니다. 연장·야간·연차·휴가 관련 각종 수당이나 임금 등이 체불되지는 않았는지를 먼저 점검합니다.

두 번째는 <u>최저임금</u>입니다. 최저임금 위반 여부를 꼭 확인합니다.

세 번째는 <u>최저임금과 연결되는 주휴수당</u>입니다. 주휴수당도 제대로 임금 설계에 포함하여 지급하는지를 확인합니다.

네 번째는 <u>근로계약서</u>입니다. 노무서류에서 가장 기본인 근로계약서가 제대로 작성이 되었는지를 당연히 확인합니다.

다섯 번째는 <u>법정의무교육</u>입니다. 성희롱예방교육, 장애인인식개선교육, 감정노동자보호교육, 산업안전보건교육 등이 포함됩니다. 법정의무교육이 각각 규정에 맞게 실시되고 있는지를 확인합니다.

이상 다섯 가지를 가장 우선적으로 준비를 해야 합니다. 그리고 고용노동부 홈페이지를 보면 근로감독관이 들고 나오는 점검표가 있습니다. 점검표를 살펴보면 어떤 사항을 점검하는지 대략 파악할 수 있습니다. 미리미리 점검표를 확보해서 준비를 하고, 주기적으로 한 번씩 보강을 하면 크게 걱정할 필요가 없습니다. 매년 상반기와 하반기에 기초고용노동질서 점검을 시행하기 때문에 방심하지 않고 대비한다면 큰 무리 없이 근로감독을 받을 수 있을 것입니다.

★ Key Point

근로감독 시 주로 확인하는 사항은 노무 3대 기본 지키기인 근로계약서, 최저임금, 주휴수당을 포함하여 임금체불, 법정의무교육까지 총 5개 항목입니다.

기초고용노동질서 자율점검 체크리스트 (사업주용)

기초고용노동질서, 사업주와 근로자의 약속입니다.

구분	체크 항목	예	아니요
근로계약 (공통)	1. 근로계약서를 서면으로 체결하였나요?		
	2. 임금의 구성항목(월(일, 시간)급, 상여금, 기타수당 등), 계산방법, 지급방법을 서면으로 명시하였나요?		
	3. 소정 근로시간을 서면으로 명시하였나요?		
	4. 휴일 및 연차유급휴가를 서면으로 명시하였나요?		
	5. 취업장소 와 종사업무를 서면으로 명시하였나요?		
	6. 근로계약서를 근로자에게 교부하였나요?		
근로계약 (기간제·단시간)	7. 기간제 근로자 또는 단시간 근로자와 근로계약 체결 시 근로계약기간을 서면으로 명시하였나요?		
	8. 단시간 근로자와 근로계약 체결 시 근로일 및 근로일별 근로시간을 서면으로 명시하였나요?		
최저임금	9. 최저임금액(2019년 8,350원) 이상의 임금을 지급하였나요?		
금품지급	10. 근로자가 퇴직하면 14일 이내에 임금 등 일체의 금품을 지급하였나요?		
	11. 임금은 매월 1회 이상 일정한 날짜를 정하여 통화로 직접 전액을 지급하였나요?		
고용보험	12. 고용보험에 가입하고 근로자 입·퇴사 시 신고하였나요?		

년   월   일

위 확인자

사업장명 :
소 재 지 :   대표자 :   (서명 또는 인)
전화번호 :

최저임금 공고문은 직원들이 잘 볼 수 있는 곳에 게시합니다. 이를 위반하면 최대 100만 원의 과태료가 부과될 수도 있습니다. 최저임금 공고문은 최저임금위원회 홈페이지에 게시되어 있으니 활용하시기 바랍니다.

3부

―― 세 번째 노무 이야기
직원과 헤어짐

26

노동청과 노동위원회는 다른 곳인가요?

(「노동청과 노동위원회에 대하여」 유튜브 영상)

노동청, 노동위원회, 고용센터, 고용노동부. 중요하게 생각하지 않는 분들도 많지만, 이들이 각각 어떤 일을 하는지 구분하여 이해하시면 노무관리에 도움이 될 듯하여 정리해 드리겠습니다.

예를 들어 어떤 근로자(노동자)가 임금이 밀린 상태에서 부당해고를 당했다고 가정하겠습니다. 근로자(노동자)가 진정을 하면 임금체불 건은 노동청에서 진행합니다. 만약 노동청에서 임금체불 건이 해결이 되더라도 부당해고 건은 노동위원회에서 별도로 진행합니다. 그래서 임금체불 건이 해소되더라도 노동위원회에서는 부당해고로 결론이 나는 사례가 많습니다. 두 가지는 별개의 사건입니다. 부당해고가 인정되어서 직원이 복직되면 부당해고 기간의 임금도 추가로 지급하게 될 수 있습니다.

노동청은 고용노동부 산하 기관이며 근무하는 분들은 공무원입니다. 얼마 전 방영된 드라마에서도 노동청에 근무하는 근로감독관을 주인공으로 다루기도 했습니다. 노동청은 지역별로 지방고용노동청 6곳이 있고, 다시 그 산하에 지역별 노동지청 40여 곳이 있습니다. 이곳에서 임금체불 신고를 받고 처리합니다. 노동청은 경찰 같은 역할을 하며 임금체불, 사업장 근로감독, 취업규칙 등을 다룹니다.

노동위원회는 법원 같은 역할을 하며 부당해고, 노동쟁의 등을 합의체에서 논의해 판결합니다. 이곳에서 근로하는 분들 역시 공무원이며 조사관이라고 합니다. 노동청 근로감독관과 노동위원회 조사관은 상호 이동이 가능한 순환 보직입니다. 노동위원회는 12곳의 지방노동위원회와 중앙노동위원회가 있습니다. 만약 지방노동위원회의 판결에 승복을 못 하면 중앙노동위원회에 재심을 청구할 수 있습니다.

이처럼 노동청과 노동위원회는 하는 일이 다릅니다. 노동청은 경찰의 역할, 노동위원회는 법원의 역할을 합니다. 참고로 노동청에는 고용센터가 있습니다. 고용센터는 취업지원, 고용보험, 실업급여, 고용안정지원사업, 직업상담 등의 업무를 수행합니다.

고용노동부 산하 기관들이 어떤 일을 하는지 미리 알아 두면 일이 생겼을 때 어떻게 대처해야 하는지, 어디로 가서 문제를 해결해야 하는지 쉽게 판단할 수 있고 불이익을 예방할 수 있습니다.

> ★ **Key Point**
>
> 노동청은 주로 임금체불 관련 업무를 수행하며, 경찰과 비슷한 역할을 합니다. 노동위원회는 주로 부당해고 관련 업무를 수행하며, 법원과 비슷한 역할을 합니다.

27 퇴직급여제도가 무엇인가요?

(「노무QnA 11번~15번」 유튜브 영상)

최근에 눈길이 가는 언론 기사가 있었습니다. 어느 회사의 근로자(노동자)인 김 과장이 퇴사를 하면서 퇴직금을 받았는데, 직접 계산해 본 퇴직금과 지급된 금액이 너무 많이 차이가 난다는 내용입니다. 김 과장 입장에서는 너무나 억울한 일을 당한 셈이죠. 본인은 어떠한 잘못도 없는데 말이죠. 왜 이런 일이 발생하는 걸까요? 지금부터 이유를 설명해 드리겠습니다.

'우리 회사는 퇴직금을 어떤 식으로 적립을 하고, 근로자(노동자)가 퇴사할 때 어떤 식으로 지급해 주겠다'는 규정이 퇴직급여제도입니다. 퇴직급여제도는 크게 세 가지로 구분됩니다. 첫 번째는 퇴직금제도, 두 번째는 퇴직연금제도, 세 번째는 개인퇴직계좌(IRP)입니다. 그중에 퇴직연금제도는 다시 확정급여형(DB형), 확정기여형(DC형)으로 나뉩니다.

퇴직연금제도를 도입하지 않은 사업장은 퇴직금제도를 운영한다고 보면 됩니다. 퇴직금제도를 운영하는 회사는 퇴직금을 매달 금융기관에 적립할 수도 있고 안 할 수도 있습니다. 회사에게 퇴직금 적립 의무는 없습니다.(업종과 규모에 따라 다르게 적용될 수 있습니다) 다만 퇴직금 지급 의무는 있습니다. 퇴사자가 생겼을 때 14일 이내에 금품을 청산해야 합니다. 퇴직금 적립 여부와 관계없이 사업주는 퇴사하는 근로자(노동자)에게 퇴직금을 지급해야 할 의무가 있습니다. 퇴직금제도를 운영하는 회사는 퇴사자가 생겨서 퇴직금을 지급할 때 한꺼번에 비용처리를 합니다.

퇴직연금제도(DC형)를 시행하고자 하는 회사는 이를 관할 노동관서에 신고해야 합니다. 그리고 근로자(노동자)의 선택으로 퇴직연금상품을 가입합니다. 근로자(노동자)가 선택한 연금상품이니 책임 또한 근로자(노동자)에게 있습니다. 회사는 매달 퇴직연금을 근로자(노동자)의 계좌에 납입하기만 하면 됩니다. 매달 퇴직연금을 수탁하는 회사는 은행이 될 수도 있고, 보험회사가 될 수도 있습니다. 이렇게 하면 회사는 매달 지출이 이루어지고 당연히 매달 비용처리를 할 수 있습니다.

참고로 2012년 7월 26일 이후에 생긴 법인은 퇴직급여보장법에 따라 퇴직연금제도를 의무적으로 도입해야 합니다.

그럼 앞에서 언급했던 근로자(노동자)인 김 과장은 왜 본인의 퇴직금이 적다고 했을까요? 바로 김 과장의 회사가 퇴직연금제도(DC형)를 시행하고 있는데, 지급된 퇴직연금액이 본인의 급여 인상률을 따라가지 못했기 때문입니다. 김 과장은 본인의 급여인 평균임금을 기준으로 퇴직금을 계산했습니다. 하지만 퇴직연금의 수익률이 급여 인상률을 따라가지 못했기 때문에 퇴직연금액이 급여를 통한 퇴직금 계산액보다 적었습니다. 물론 이런 결과의 최종 책임은 퇴직연금을 관리하지 못한 김 과장 본인에게 있습니다.

제도의 좋고 나쁨을 떠나서 사업주와 근로자(노동자)는 퇴직금이 어느 제도로 운영되고, 어떻게 관리되며, 어떤 것이 본인에게 유리한지를 확인해야 합니다. 그래야 생각지도 못한 손실을 막을 수 있습니다.

※ 퇴직급여제도 정리표

퇴직금	퇴직연금		개인퇴직계좌 (IRP)
	확정급여형 (DB형)	확정기여형 (DC형)	
퇴직금제도를 설정하고자 하는 사용자는 계속근로 기간 1년에 대하여 30일분 이상의 평균임금을 퇴직하는 근로자(노동자)에게 퇴직금으로 지급할 수 있는 제도를 설정(근로자 퇴직급여 보장법 제8조)	근로자(노동자)의 연금 급여가 사전에 확정되며, 사용자의 적립 부담은 적립금 운용 결과에 따라 변동하는 퇴직연금	사용자의 부담금이 사전에 확정되고, 근로자(노동자)의 연금 급여는 적립금 운용 수익에 따라 변동하는 퇴직연금	퇴직급여제도의 일시금을 수령한 자 등이 수령액을 적립·운용하기 위하여 퇴직연금 사업자에게 설정한 저축계정(근로자 퇴직급여 보장법 제2조 10항)

★ Key Point

　퇴직급여제도는 크게 퇴직금제도, 퇴직연금제도, 개인퇴직계좌(IRP)로 구분할 수 있습니다. 만약 퇴직연금제도를 도입하지 않았으면 퇴직금제도를 운영하는 회사입니다. 당연한 얘기이지만, 퇴직연금제도를 도입하였다면 퇴직연금제도를 운영하는 회사입니다.

28. 퇴직금은 어떤 근로자(노동자)에게 지급하나요?

(「퇴직금 받을 수 있나요? 퇴직금 지급해야 하나요?」 유튜브 영상)

미용실 원장님과 상담을 한 적이 있습니다. 미용실에는 여러 명의 미용사가 근무했습니다. 그중 한 미용사는 6개월을 근무하고, 그간 받은 급여를 모아 해외에서 3개월간 여행을 합니다. 그리고 3개월 후 미용실에 돌아와서 근무를 하였습니다. 미용사는 그런 일을 반복하였습니다.

몇 년이 지난 후 미용사는 퇴사를 하겠다며 원장님을 찾아옵니다. 그리고 자신이 3년 동안 일했으니 3년 치의 퇴직금을 지급해 달라고 요구하였습니다. 원장님은 미용사에게 퇴직금을 지급해야 할까요?

앞서 말씀드렸듯이 근로자(노동자)는 사업주에게 지휘감독을 받는 직원을 뜻합니다. 직원이 사업주의 지휘감독을 받는다면 근로자(노동자)성이 인정됩니다. <u>퇴직금은 근로자(노동자)성이 있는 직원에게 지급합니다.</u> 그리고 근로자(노동자)의 종류에는 정규직, 계약직, 파견직, 단기·초단기 근로자(노동자), 아르바이트생, 외국인 근로자(노동자) 등이 있습니다.

퇴직금을 지급하는 원칙은 다음과 같습니다. <u>4주를 평균하여 1주 15시간 이상 일하는 근로자(노동자), 그리고 계속근로가 1년 이상인 근로자(노동자)에게 지급</u>합니다. 지급기한은 퇴직 후 14일 이내로 정해져 있습니다.

일주일에 15시간이라면 하루에 3시간 정도 되겠죠. 대부분 근로자(노동자)가 주 15시간 이상을 일하기 때문에 퇴직금 지급대상이 됩니다. 다만 1주 15시간 미만을 일하는 초단기 근로자(노동자)는 퇴직금을 받지 못합니다.

그리고 계속근로가 1년 이상이어야 합니다. 계속근로는 본인의 의지로 근무함을 뜻합니다. 사업주가 계속근로를 회피할 목적으로 근무기간에 의도적인 영향을 준다면 후에 계속근로로 인정될 여지가 있습니다. 만약 근로자(노동자)가 본인의 의지로 사직하였다면 계속근로 기간으로 인정받지 못할 수도 있고요. 따라서 사업주는 근로자(노동자)가 퇴사할 때 반드시 본인의 의지로 작성한 사직서를 받아 보관해야 합니다.

그렇다면 위에서 말씀드린 미용사는 퇴직금을 받을 수 있을까요?

만약 미용사가 근무한 3년이 계속근로로 인정된다면 퇴직금을 지급해야 합니다. 하지만 계속근로가 아니라 6개월의 단기간 근로(노동)가 된다면 퇴직금을 지급하지 않아도 되겠죠. 물론 원장님의 입장에서는 6개월의 단기간 근로(노동)를 입증할 증거가 필요해 보입니다. 미용사가 스스로 일을 그만둔다는 사실을 증명할 사직서와 6개월간의 금품을 청산한 서류 등이 있어야 합니다. 작은 증거자료가 적게는 수십, 많게는 수백, 수천만 원의 비용으로 바뀔 수도 있습니다. 결국 해당 미용사는 스스로 퇴사를 하고 사직서를 작성하였습니다. 그래서 퇴직금은 지급되지 않았습니다.

> ★ Key Point
>
> 퇴직금은 근로자(노동자)성(性)이 인정되면 지급합니다. 그리고 1주 근로(노동)시간이 15시간 이상, 계속근로가 1년 이상일 때 지급합니다.

29

퇴직금은 얼마를 주어야 하나요?

(「퇴직금을 얼마 받을 수 있나요?」 유튜브 영상)

사업주와 근로자(노동자) 모두에게서 가장 많은 질문과 상담 요청을 받는 문제가 퇴직금입니다. 주요 질문은 두 가지입니다.

"퇴직금을 주어야 하나요? 안 주어도 되나요?"

"퇴직금으로 얼마를 주어야 하나요?"

Q28에서는 퇴직금 지급대상을 살펴보았다면 여기서는 퇴직금을 얼마나 주어야 하는지를 알아보겠습니다. 퇴직금 산정은 평균임금이란 개념을 인지해야 이해가 가능합니다.

평균임금은 퇴사 직전 3개월 임금의 평균을 의미합니다. 여기서 많은 분들이 착각을 하시는데, 평균임금은 월급이 아니라 일급으로 계산합니다.(이 부분은 "Q19. 통상임금과 평균임금이 무엇인가요?"에서 설명을 드렸습니다)

직전 3개월간 받은 임금을 합하여 해당 기간의 근무일로 나누면 평균임금이 나옵니다. 평균임금을 구했으면 그다음은 계속근로일을 곱하고 365일로 나눈 후 다시 30일을 곱하면 됩니다. 이를 공식으로 표현하면 이렇습니다.

퇴직금 = 평균임금 X 계속근로일 ÷ 365 X 30

예를 들어 퇴사 직전 3개월의 평균일급이 8만원인 근로자(노동자)의 퇴직금은 80,000 X 계속근로일(500일로 가정) ÷ 365 X 30 = 3,287,671원이 됩니다.

다시 한번 강조하지만 평균임금은 직전 3개월의 평균월급이 아니라, 일급입니다. 3개월의 일수는 근로자(노동자)의 퇴사 날짜에 따라 달라질 수 있습니다. 만약 1월에 퇴사한다면 직전 3개월은 10월, 11월, 12월이고, 4월에 퇴사한다면 1월, 2월, 3월입니다. 직전 3개월의 일수가 달라집니다. 따라서 퇴직금 액수도 달라질 수밖에 없습니다. 퇴사 일에 따라 적게는 수십에서 많게는 수백만 원까지 차이가 발생할 수도 있습니다.

퇴직금 계산에서 중요한 부분이 하나 더 있습니다. 두 가지 포인트 시점을 말씀드리겠습니다. 2010년 12월 1일과 2012년 12월 31일입니다. 편의상 2010년 12월 1일 이전을 A기간, 2010년 12월 1일부터 2012년 12월 31일까지를 B기간, 2012년 12월 31일 이후를 C기간이라고 하겠습니다.

A기간에 사업장의 상시근로자가 5인 미만이었다면 퇴직금 계산 시 A기간은 계속근로에서 제외됩니다. 만약 B기간에 사업장의 상시근로자가 5인 미만이었다면 B기간은 퇴직금 계산 시 50%만 반영됩니다.

예를 들어 평균임금(월급으로 가정)이 100만 원인 근로자(노동자)가 2010년 1월 1일부터 2013년 12월 31일까지 근로(노동)하였을 때 퇴직금을 계산해 보겠습니다. 상시근로자 5인 이상 사업장이라면 대략 400만 원입니다.

하지만 상시근로자 5인 미만의 사업장이라면 A기간인 2010년 12월 1일까지는 퇴직금 0원, B기간인 2012년 12월 31일까지는 약 100만 원, C기간인 2013년 12월 31일까지는 100만 원이 됩니다.

0 + 약 100만 + 100만 = 약 200만 원

단순 예시를 통한 계산이긴 하지만, 퇴직금에 상당한 차이가 존재합니다. 따라서 본인의 사업장에 기간별로 상시근로자가 몇 명이었는지 확인한 후 퇴직금을 계산해서 정확히 지급할 필요가 있습니다.

끝으로 퇴직금을 포함한 금품은 퇴사 일에서 14일 이내에 청산해야 하며 사업주가 이행하지 않으면 이자를 추가로 지급해야 할 수도 있습니다. 임금 및 지연이자는 『직원이 꼭 알아야 하는 30가지 노무 이야기』의 "Q29. 밀린 급여 지급을 미루는데 지연이자가 있나요?"에서 별도로 다루었으니 참고하시기 바랍니다. 다만 근로자(노동자)와 합의가 이루어진다면 날짜를 조정할 수 있습니다.

> ★ **Key Point**
>
> 퇴직금 지급 공식은 이렇습니다. 퇴직금 = 평균임금 X 계속근로일 ÷ 365 X 30

30

해고 예고와 해고 통보는 무엇이 다른가요?

(「노무QnA 1번~5번」 유튜브 영상)

얼마 전 TV에 실제 사례를 토대로 한 사건이 방영되었습니다. 한 근로자(노동자)가 몇 개월 일하지 않은 상황에서 해고를 당했습니다. 근로자(노동자)는 해당지역 노동청에 신고하였고 체불된 임금을 받았습니다. 그런데 여기서 끝이 아니었습니다.

사업주는 체불된 임금을 지급했으니 더 이상 문제가 없다고 생각했습니다. 하지만 근로자(노동자)는 부당해고를 당했다며 추가로 지방노동위원회에 신고를 했습니다. Q26에서 설명을 드렸듯이 임금체불은 사업장이 속한 지역의 노동청에서 담당합니다. 그리고 부당해고는 관할 지방노동위원회에서 처리합니다. 그러니 임금체불 해결과 관계없이 부당해고 건은 별개로 진행됩니다.

결국 사업주는 체불임금 지급과 함께 부당해고의 피해도 보상해야 했습니다. 사업주는 근로자(노동자)를 해고할 때 반드시 정해진 징계 절차대로 진행해야 합니다. 그래야 위 사건처럼 생각지도 못한 후속조치를 당하는 일이 없습니다.

해고 예고는 근로자(노동자)가 퇴사 후에 다닐 직장을 구할 여유 기간을 제공하는 제도입니다. 해고 예고는 적어도 30일 전에는 해야 합니다. 해고 예정 근로자(노동자)가 다른 직장을 구할 시간을 최소 30일은 보장해야 한다는 취지의 제도입니다. 만약에 예고 없이 해고를 하면 30일분 이상의 통상임금을 지급해야 합니다.

해고 통보는 즉시 퇴사하도록 지시하는 명령입니다. 해고 예고는 구두나 문서 등 여러 방법으로 할 수 있습니다. 하지만 해고 통보는 반드시 서면으로 해야 합니다. 가끔 이런 질문을 받습니다. "해고하고 싶은 직원이 있으면 해고 통보만 서면으로 하면 됩니까?"

그렇지 않습니다. 당연히 정당한 해고 사유가 있어야 합니다. 어떤 이유로 해고를 하는지 반드시 기록해서 서면으로 통보해야 합니다.

참고로 2019년 1월 15일에 변경된 규정이 있으니 주의하시기 바랍니다. 해고 예고의 예외 기준이 바뀌었습니다. 기존에는 여러 예외 조항이 있었는데 하나로 통일되었습니다. 바로 근로(노동)기간 3개월 미만의 근로자(노동자)인데, 해고 예고 없이 바로 해고 통보를 할 수 있습니다. 다시 말해 2019년 1월 15일 이후 입사자는 3개월이 지나지 않았다면 해고 예고 없이 바로 해고 통보가 가능합니다.

그렇다고 오해하시면 안 됩니다. 3개월 이내라면 근로자(노동자)를 막 잘라도 된다는 뜻은 아닙니다. 앞에서도 말씀드렸듯 해고를 하려면 해고 통보서에 반드시 합당한 사유를 기록해야 합니다. 근로자(노동자)의 귀책사유로 회사가 어떠한 손해를 입었다든지, 근로자(노동자)가 업무 중 공금을 횡령했다든지, 근무 중 어떠한 과오를 범했다든지 등등 구체적인 내용과 증빙자료를 첨부해야 합니다.

사유가 불분명하면 부당해고 시비가 발생할 수 있습니다. 진정이 들어가고 소송이 이뤄질 수도 있으니 주의하시기 바랍니다. 누군가를 만날 때는 시작도 중요하지만 헤어짐도 못지않게 중요한 일입니다. 사업장도 마찬가지입니다.

직원과 서로 잘해 보자고 웃으면서 시작했더라도 어떤 문제 때문에 관계가 악화되고 결국 헤어짐, 즉 해고라는 수순을 밟을 수도 있습니다. 근로자(노동자)와 만남도 중요하지만, 헤어지는 과정 또한 유의하셔야 불필요한 비용과 감정의 소모를 막을 수 있습니다.

★ Key Point

　해고 예고는 임금이 유일한 생활의 원천인 근로자(노동자)가 다른 직장을 구할 기간을 보장해 주려는 취지의 제도입니다. 해고 예고는 최소 30일 전에 해야 합니다. 해고 통보는 말 그대로 사용자가 근로자(노동자)를 해고한다는 통보이며, 반드시 서면으로 해야 합니다.

근로자(노동자)는 사업주에게 지휘감독을 받는 직원을 뜻합니다.

직원이 사업주의 지휘감독을 받는다면

근로자(노동자)성이 인정됩니다.

퇴직금은 근로자(노동자)성이 있는 직원에게 지급합니다.

4부

── OX 퀴즈로 풀어 보는
　　알쏭달쏭 노동법

사장이 꼭 알아야 하는 노동법 8가지

(「사업자가 꼭 알아야 하는 노동법 8가지」 유튜브 영상)

사업주가 직원을 고용하기 위해서 반드시 알아야 하는 노동법 중 8가지를 OX 퀴즈로 풀어 보겠습니다. 이미 많이들 알고 계실 수도 있습니다. 하지만 알쏭달쏭하고 중요한 내용들입니다. 복습하는 차원에서 다시 한번 정리해 보겠습니다.

<1> 근로계약서

> Q> 근로계약서는 2부를 작성하여 1부는 사업주가 보관하고, 1부는 근로자(노동자)에게 교부하여야 합니다. 이를 어기면 벌금이 부과될 수 있습니다.
>
> A> O

사업주가 직원을 채용하기 위해 꼭 알아야 하는 사항 중에 첫 번째가 바로 근로계약서입니다. 근로계약서는 잘 아시다시피 2부를 작성하여 1부는 사장님이 보관하고 1부는 직원에게 교부해야 합니다. 위반 시에는 벌금이 최대 500만 원까지 부과될 수 있다는 점 유념하시기 바랍니다. 사업주에게는 작성 의무뿐만 아니라 교부 의무도 있습니다.

많은 사장님이 근로계약서 작성을 어렵게 생각하십니다. 하지만 알고 보면 전혀 어렵지 않습니다. 고용노동부 홈페이지에 표준근로계약서 샘플이 게시되어 있습니다.(부록1 - 표준근로계약서 참조) 참고하셔서 그에 맞게 작성하시면 됩니다. 근로계약서에 포함되어야 할 내용이 빠지지 않았는지 확인만 잘 하시면 됩니다.(이 내용은 "Q2. 근로계약서에는 어떤 내용이 포함되나요?"에서 설명해 드렸습니다)

<2> 주휴수당

> Q> 주휴수당은 1주일에 15시간 이상 근로(노동)하는 직원에게 지급합니다. 1주일에 5일 미만을 근로(노동)하였더라도 15시간 이상이면 지급하여야 합니다.
>
> A> O

1주일의 소정근로(노동) 일을 개근한(1주 15시간 이상) 근로자(노동자)에게는 휴일로 정한 날(주휴일)에 1일분의 통상임금을 지급합니다. 이것이 주휴수당입니다.

주휴수당은 사업장 규모와 관계가 없습니다. 다만 근로자(노동자)의 근무시간은 관계가 있습니다. 1주일에 15시간 이상을 근로(노동)했고, 다음 주도 근무할 것으로 예상되는 근로자(노동자)에게 지급합니다.

하루에 8시간을 기준으로 일주일에 5일간 일합니다. 그러면 40시간이 됩니다. 이 40시간의 근로(노동)에 대해 8시간의 주휴를 줍니다. 유급휴일이라는 뜻입니다. 40시간을 일하면 8시간은 일하지 않아도 수당을 지급하면서 쉬게 해 준다는 의미입니다.

다만 소정근로(노동) 시간을 결근 없이 잘 출근했어야 한다는 조건이 있습니다. 하루 8시간씩 일주일에 40시간 일하기로 한 근로자(노동자)가 개인 사유로 못 나왔다면 주휴수당이 지급되지 않을 수도 있습니다.

<3> 임금/수당 계산

Q> 일반적으로 근로자(노동자)는 일주일에 5일, 40시간을 일합니다. 시급에 40시간을 곱해 주급을 산정하고, 월 근로(노동)시간을 곱해 월급을 계산합니다.

A> X

임금이나 수당을 계산하는 원리를 말씀드리겠습니다. 우선 하루 8시간 근무를 기준으로 삼습니다. 일주일에 40시간을 근로(노동)하는 셈입니다. 여기에 주휴 8시간이 포함됩니다. 그러면 일주일에 주휴를 포함한 근로(노동)시간은 총 48시간입니다.

그럼 한 달로 계산하려면 여기에 곱하기 4주를 하면 될까요? 한 달은 4주가 아닙니다. 1년 평균을 보면 한 달은 4.3452주(반올림해서 4.35주)입니다. 이를 기준으로 산출한 한 달 근로(노동)시간이 대략 209시간입니다.

(48h × 4.3452 ≒ 209h)

회사에서 채용한 직원의 시급에 근무시간(주휴시간 포함)과

4.3452주를 곱해서 월급을 산정하시면 됩니다. 만약에 월급으로 150만 원을 주기로 했는데 최저임금 이상인지 따져 보려면 위의 순서와 반대로 계산하시면 됩니다. 월급을 4.3452주로 나누고 다시 근무시간(주휴시간 포함)으로 나눕니다.

<4> 가산수당

> Q> 가산수당은 모든 사업장에 해당됩니다. 모든 사업장의 모든 근로자(노동자)에게 연장, 야간, 휴일근로(노동) 시 50%의 가산수당을 추가로 지급해야 합니다.
>
> A> X

가산수당은 연장수당, 야간수당, 휴일수당을 말합니다. 가산수당을 지급하는 기준은 상시근로자 5인 이상 사업장입니다. 상시근로자 5인 미만 사업장은 연장, 야간, 휴일수당을 추가로 주지 않아도 됩니다.

가산수당은 시급에 50%를 추가해야 합니다. 시급을 1,000원으로 가정했을 때 연장, 야간, 휴일근무를 했다면 해당 근로(노동)에는 시급 1,500원을 지급해야 합니다.

연장수당은 하루에 8시간을 넘기거나 일주일에 40시간을 넘겼을 때 지급합니다. 야간수당은 밤 10시부터 다음 날 6시 사이에 일했을 때 지급합니다. 휴일은 법정휴일을 말합니다. 민간기업 근로자(노동자)는 매주 하루의 주휴일과 근로자의 날(노동절)이 법정휴일입니다.

<5> 세금문제(원천세, 갑근세)

> Q> 근로자(노동자)의 근로자성이 인정된다면, 급여를 지급할 때 세금은 원천징수세 3.3%가 아니라 갑근세 15.4%를 적용해야 합니다.
>
> A> O

세금은 노무와 조금 동떨어진 분야라고 생각하실 수 있지만 사실 많은 관련이 있습니다. 직원 급여를 지급할 때 3.3%의 원천징수를 할까요? 아니면 각종 근로소득세(갑근세) 15.4%를 제할까요? 기준은 근로자(노동자)성입니다. 근로자(노동자)성이 있어야 근로자(노동자)로 인정됩니다.

근로자(노동자)로 인정되면 갑근세 15.4%를 적용합니다. 근로자(노동자)가 아니라면 원천징수 3.3%를 적용합니다. 그럼 근로자(노동자)성의 판단 기준은 무엇일까요? 바로 사업주의 지휘감독 여부입니다. 사업주와 근로자(노동자)가 사용종속 관계라면 근로자(노동자)성이 있다고 봅니다.

<6> 4대보험

> Q> 4대보험은 사회보험을 뜻합니다. 산재보험, 고용보험, 국민건강보험, 국민연금 이렇게 4가지입니다. 모든 근로자(노동자)를 4대보험에 가입시켜야 하며, 4대보험료는 사업주와 근로자(노동자)가 50%씩 납부합니다.
>
> A> X

4대보험은 산재보험, 고용보험, 국민건강보험, 국민연금입니다. 모든 근로자(노동자)를 4대보험에 가입시켜 줄 필요는 없습니다. 세부 기준은 보험마다 약간 다르지만, 기본적으로 일주일에 15시간 이상 일하는 근로자(노동자)라면 4대보험에 반드시 가입해 줘야 합니다.

그중에 산재보험은 근무시간에 관계없이 모든 근로자(노동자)가 대상입니다. 산재보험은 사업주가 100% 책임을 지고, 보험료도 다 내기 때문에 반드시 잘 알고 계셔야 합니다.

2018년 노동법이 개정되면서 고용보험의 대상도 바뀌었습니다. 1주 근로(노동)시간이 15시간 미만이더라도 3개월을 연속해서 근무한 근로자(노동자)는 의무 가입대상입니다. 그 외에 국민건강보험과 국민연금은 1주 15시간 이상 일하는 근로자(노동자)가 의무 가입대상입니다.

4대보험료율은 사업주와 근로자(노동자)가 대략 월 보수액의 10%, 10%씩이라고 얘기합니다. 보다 정확히 계산하면 사업주는 10%가 약간 안 되고, 근로자(노동자)는 8%가 약간 넘는 정도입니다(업종과 사업장 규모에 따라 금액이 상이합니다).

<7> 해고 예고

> Q> 사업주는 언제든 근로자(노동자)를 해고할 수 있고, 14일 전에만 통보하면 됩니다. 근로자(노동자)는 이의를 제기할 수 없습니다.
>
> A> X

사업주가 원한다면 근로자(노동자)를 해고할 수는 있습니다. 다만 정당한 사유와 증빙서류가 필요합니다. 그리고 반드시 해고 예고를 하셔야 합니다. 해고 예고는 최소 30일 전에 해야 합니다. 만약 바로 해고할 때는 한 달 치의 통상임금을 지급해야 합니다. 이를 해고 예고수당이라고 합니다. 요컨대 직원을 해고하려면 한 달 전에 해고 예고를 해야 하고, 아니라면 한 달 치의 통상임금을 지급해야 가능합니다.

<8> 퇴직금

> Q> 퇴직금은 1주에 15시간 이상, 1년 이상 계속근로(노동)한 직원에게 지급합니다. 직원의 근로자(노동자)성이 인정된다면 반드시 지급해야 합니다.
>
> A> O

해고할 때 가장 많이 문제가 되는 부분이 퇴직금입니다. 퇴직금 지급 기준을 두고 분쟁이 발생하기 쉽습니다. 퇴직금을 주는 기준은 일주일에 15시간 이상, 그리고 계속근로(노동) 기간 1년 이상입니다.

2010년 이전까지 상시근로자 5인 미만 사업장은 퇴직금 지급 의무가 없었습니다. 하지만 2010년 12월 1일부터는 모든 근로자(노동자)에게 퇴직금을 반드시 지급해야 합니다.

또 하나의 퇴직금 지급 기준은 근로자(노동자)성입니다. 사업주의 지휘감독을 받는 근로자(노동자)는 근로자(노동자)성이 인정됩니다. 위의 두 조건을 충족하는 근로자(노동자)에게는 반드시 퇴직금을 지급해야 합니다.

퇴직금 = 평균임금 X 계속근로일 ÷ 365 X 30

　퇴직금은 퇴사 직전 3개월의 평균임금을 기준으로 계산합니다. 평균임금은 쉽게 말해 직전 3개월의 일평균 급여입니다. 직전 3개월 치의 급여를 일할로 계산한 평균임금과 근무기간(계속근로일)을 기준으로 퇴직금을 계산합니다.

에필로그
사장님이 쉽고 편하게 읽을 수 있는 노무 이야기

매달 수많은 강의를 합니다. 짧게는 1~2시간, 길게는 하루에서 며칠까지 할 때도 있습니다. 근래에 스스로를 모니터링해 보니, 강의 중간중간에 자주 질문을 하는 습관이 생겼습니다.

"어려우세요?"
"이해가 되시나요?"
"이해되셨죠?"

듣는 이의 이해 정도를 확인하기 위함이지만, 이는 올바른 강사의 태도가 아님을 알고 있습니다. 하지만 부지불식간에 질문을 반복하는 저를 만납니다. 강사가 설명을 못했거나, 청중의 이해도가

떨어져서 그럴까요?

  그럴 수도 있고 아닐 수도 있습니다.
  노동법, 노무관리 자체가 어렵기도 하거니와 법을 다루는 내용이다 보니 비전문가 입장에서는 이해하기 쉽지 않은 것이 당연합니다. 유튜브 1인 방송을 시작한 계기도, 책을 집필한 계기도 바로 여기에 있습니다.
  '좀 더 쉽고 이해가 잘되도록 할 수는 없나?'
  '노동법을 어렵다고 느끼는 이들이 보다 쉽고 편하게 접하도록 할 수는 없을까?'

  노무는 어렵다고 뒷전으로 물리거나, 아예 보지 않고 모르면 그만이라고 치부할 수 있는 분야가 아닙니다. 어떡하든 알아야 하고 많이 알수록 힘이 생기는 분야이기에 방치할 수가 없습니다. 이 책을 읽는 많은 사장님이 "노무 이야기"를 통해 조금이나마 더 알게 되고, 조금이나마 더 힘이 생기시길 고대합니다.

  무더운 여름, 노트북과 사투 끝에 집필을 마쳤습니다. 처음엔 쉽게 생각했습니다. '강의를 하니까 그 내용을 글로 쓰면 그만이지.' 시작하고 얼마 지나지 않아 너무나 큰 착각임을 깨달았습니다. 말과 글은 달랐습니다.
  다 그렇지는 않지만, 말은 앞뒤가 조금 맞지 않아도 부연설명으로 잘못을 보강할 수 있습니다. 하지만 글은 군더더기가 많으면 무슨 말인지 이해가 되지 않습니다. 처음엔 내가 쓰고도 이해가 되지 않는 글이 답답했습니다. 쓴 글을 다시 읽고, 또 다시 쓰기를 반복했습니다.

업무상 지방출장이 많은 저에게는 주말과 휴일이 글쓰기에 집중할 수 있는 유일한 시간이었습니다. 주말과 휴일이면 늘 책상에 머리를 처박고 노트북 자판을 두드렸습니다. 무더운 여름, 선풍기를 옆에 끼고 엉덩이에 차는 땀을 견디며 이 책을 썼습니다.

제가 노력과 심혈을 기울인 만큼, 이 책이 사업을 하며 직원을 채용해 노무관리를 하는 사업주 여러분에게 단비 같은 존재로 남길 바랍니다.

이제 어려운 노동법의 단순 해설서가 아닌, 사장님이 쉽고 편하게 읽을 수 있는 "노무 이야기" 한 편이 탄생했습니다. 직원과 만남에서 헤어짐까지, 그리고 사장님이 꼭 알아야 하는 노동법과 사업장에 필요한 노무서식을 담았습니다. 사장님에게 선물 같은 책이 되기를 소망합니다.

서울, 부산, 광주, 대전 지역별로 제 강의를 수강하고 센터 회원이 되어 정기모임을 하며, 함께 일하고 함께 놀았던 Biz 센터 50여 명의 전문위원에게 항상 감사하다는 말을 전합니다. 그리고 책의 완성을 위해 응원을 아끼지 않은 주변의 모든 분에게 감사드립니다.

끝으로 삶의 원동력인 나의 가족, 은영, 지홍, 은솔, 그리고 아들을 믿고 아낌없는 기도로 지원해 주시는 부모님께 감사드립니다.

2019년 겨울의 문턱, 『사장이 꼭 알아야 하는 30가지 노무 이야기』를 마무리하며….

부록

── 사업장에 꼭 필요한
노무서식 8가지

1. 사업장에 꼭 필요한 노무서식 8가지

1) 표준근로계약서(5종)

표준근로계약서(기간의 정함이 없는 경우)

_____(이하 "사업주"라 함)과(와) _____(이하 "근로자"라 함)은 다음과 같이 근로계약을 체결한다.

1. 근로개시일 :   년   월   일부터
2. 근 무 장 소 :
3. 업무의 내용 :
4. 소정근로시간 : ___시 ___분부터 ___시 ___분까지 (휴게시간 : 시 분~ 시 분)
5. 근무일/휴일 : 매주 __일(또는 매일단위)근무, 주휴일 매주 __요일
6. 임 금
   - 월(일, 시간)급 : _____원
   - 상여금 : 있음 (   ) _____원, 없음 (   )
   - 기타급여(제수당 등) : 있음 (   ), 없음 (   )
      · _____원, _____원
      · _____원, _____원
   - 임금지급일 : 매월(매주 또는 매일) ____일(휴일의 경우는 전일 지급)
   - 지급방법 : 근로자에게 직접지급(   ), 근로자 명의 예금통장에 입금(   )
7. 연차유급휴가
   - 연차유급휴가는 근로기준법에서 정하는 바에 따라 부여함
8. 사회보험 적용여부(해당란에 체크)
   ☐ 고용보험 ☐ 산재보험 ☐ 국민연금 ☐ 건강보험
9. 근로계약서 교부
   - 사업주는 근로계약을 체결함과 동시에 본 계약서를 사본하여 근로자의 교부요구와 관계없이 근로자에게 교부함(근로기준법 제17조 이행)
10. 기 타
    - 이 계약에 정함이 없는 사항은 근로기준법령에 의함

           년   월   일

(사업주) 사업체명 :   (전화 :   )
        주   소 :
        대 표 자 :   (서명)

(근로자) 주   소 :
        연 락 처 :
        성   명 :   (서명)

표준근로계약서(기간의 정함이 있는 경우)

_____(이하 "사업주"라 함)과(와) _____(이하 "근로자"라 함)은 다음과 같이 근로계약을 체결한다.

1. 근로계약기간 :   년 월 일부터   년 월 일까지
2. 근 무 장 소 :
3. 업무의 내용 :
4. 소정근로시간 : __시__분부터 __시__분까지 (휴게시간 : 시 분~ 시 분)
5. 근무일/휴일 : 매주 _일(또는 매일단위)근무, 주휴일 매주 _요일
6. 임 금
   - 월(일, 시간)급 : _____원
   - 상여금 : 있음 (   ) _____원, 없음 (   )
   - 기타급여(제수당 등) : 있음 (   ), 없음 (   )
      · _____원, _____원
      · _____원, _____원
   - 임금지급일 : 매월(매주 또는 매일) _____일(휴일의 경우는 전일 지급)
   - 지급방법 : 근로자에게 직접지급(   ), 근로자 명의 예금통장에 입금(   )
7. 연차유급휴가
   - 연차유급휴가는 근로기준법에서 정하는 바에 따라 부여함
8. 사회보험 적용여부(해당란에 체크)
   □ 고용보험 □ 산재보험 □ 국민연금 □ 건강보험
9. 근로계약서 교부
   - 사업주는 근로계약을 체결함과 동시에 본 계약서를 사본하여 근로자의 교부요구와 관계없이 근로자에게 교부함(근로기준법 제17조 이행)
10. 기 타
   - 이 계약에 정함이 없는 사항은 근로기준법령에 의함

                     년   월   일

(사업주) 사업체명 :   (전화 :   )
        주   소 :
        대 표 자 :   (서명)

(근로자) 주   소 :
        연 락 처 :
        성   명 :   (서명)

연소근로자(18세 미만인 자) 표준근로계약서

_____(이하 "사업주"라 함)과(와) _____(이하 "근로자"라 함)은 다음과 같이 근로계약을 체결한다.

1. 근로개시일 :   년   월   일부터
   ※ 근로계약기간을 정하는 경우에는 "   년   월   일부터   년   월   일까지" 등으로 기재
2. 근 무 장 소 :
3. 업무의 내용 :
4. 소정근로시간 : __시__분부터 __시__분까지 (휴게시간 : 시 분~ 시 분)
5. 근무일/휴일 : 매주 __일(또는 매일단위)근무, 주휴일 매주 __요일
6. 임 금
   - 월(일, 시간)급 : _____원
   - 상여금 : 있음 (   ) _____원, 없음 (   )
   - 기타급여(제수당 등) : 있음 (   ), 없음 (   )
     · _____원, _____원
     · _____원, _____원
   - 임금지급일 : 매월(매주 또는 매일) _____일(휴일의 경우는 전일 지급)
   - 지급방법 : 근로자에게 직접지급(   ), 근로자 명의 예금통장에 입금(   )
7. 연차유급휴가
   - 연차유급휴가는 근로기준법에서 정하는 바에 따라 부여함
8. 가족관계증명서 및 동의서
   - 가족관계기록사항에 관한 증명서 제출 여부: _____
   - 친권자 또는 후견인의 동의서 구비 여부 : _____
9. 사회보험 적용여부(해당란에 체크)
   ☐ 고용보험 ☐ 산재보험 ☐ 국민연금 ☐ 건강보험
10. 근로계약서 교부
    - 사업주는 근로계약을 체결함과 동시에 본 계약서를 사본하여 근로자의 교부요구와 관계없이 근로자에게 교부함(근로기준법 제17조, 제67조 이행)
11. 기타
    - 13세 이상 15세 미만인 자에 대해서는 고용노동부장관으로부터 취직인허증을 교부받아야 하며, 이 계약에 정함이 없는 사항은 근로기준법령에 의함

년   월   일

(사업주) 사업체명 :   (전화 :   )
        주   소 :
        대 표 자 :   (서명)

(근로자) 주   소 :
        연 락 처 :
        성   명 :   (서명)

친권자(후견인) 동의서

○ 친권자(후견인) 인적사항
　성　　명 :
　생년월일 :
　주　　소 :
　연 락 처 :
　연소근로자와의 관계 :

○ 연소근로자 인적사항
　성　　명 :　　　　　　　　(만　　세)
　생년월일 :
　주　　소 :
　연 락 처 :

○ 사업장 개요
　회 사 명 :
　회사주소 :
　대 표 자 :
　회사전화 :

　　본인은 위 연소근로자 _____가 위 사업장에서 근로를 하는 것에 대하여 동의합니다.

년　월　일

친권자(후견인)　　　　　　(인)

첨　부 : 가족관계증명서 1부

건설일용근로자 표준근로계약서

_____(이하 "사업주"라 함)과(와) _____(이하 "근로자"라 함)은 다음과 같이 근로계약을 체결한다.

1. 근로계약기간 :   년   월   일부터   년   월   일까지
   ※ 근로계약기간을 정하지 않는 경우에는 "근로개시일"만 기재
2. 근 무 장 소 :
3. 업무의 내용(직종) :
4. 소정근로시간 : ___시___분부터 ___시___분까지 (휴게시간 : 시 분~ 시 분)
5. 근무일/휴일 : 매주 _ 일(또는 매일단위)근무, 주휴일 매주 __요일(해당자에 한함)
   ※ 주휴일은 1주간 소정근로일을 모두 근로한 경우에 주당 1일을 유급으로 부여
6. 임 금
   - 월(일, 시간)급 : _____원(해당사항에 ○표)
   - 상여금 : 있음 (   ) _____원, 없음 (   )
   - 기타 제수당(시간외·야간·휴일근로수당 등): _____원(내역별 기재)
     · 시간외 근로수당:_____원(월   시간분)
     · 야 간 근로수당:_____원(월   시간분)
     · 휴 일 근로수당:_____원(월   시간분)
   - 임금지급일 : 매월(매주 또는 매일) ____일(휴일의 경우는 전일 지급)
   - 지급방법 : 근로자에게 직접지급(   ), 근로자 명의 예금통장에 입금(   )
7. 연차유급휴가
   - 연차유급휴가는 근로기준법에서 정하는 바에 따라 부여함
8. 사회보험 적용여부(해당란에 체크)
   □ 고용보험   □ 산재보험   □ 국민연금   □ 건강보험
9. 근로계약서 교부
   - "사업주"는 근로계약을 체결함과 동시에 본 계약서를 사본하여 "근로자"의 교부요구와 관계없이 "근로자"에게 교부함(근로기준법 제17조 이행)
10. 기 타
    - 이 계약에 정함이 없는 사항은 근로기준법령에 의함

              년   월   일

(사업주) 사업체명 :   (전화 :   )
        주   소 :
        대 표 자 :   (서명)

(근로자) 주   소 :
        연 락 처 :
        성   명 :   (서명)

단시간근로자 표준근로계약서

_____(이하 "사업주"라 함)과(와) _____(이하 "근로자"라 함)은 다음과 같이 근로계약을 체결한다.

1. 근로개시일 :   년   월   일부터
   ※ 근로계약기간을 정하는 경우에는 "   년   월   일부터   년   월   일까지" 등으로 기재
2. 근 무 장 소 :
3. 업무의 내용 :
4. 근로일 및 근로일별 근로시간

근로시간	( )요일	( )요일	( )요일	( )요일	( )요일	( )요일
	시간	시간	시간	시간	시간	시간
시업	시 분	시 분	시 분	시 분	시 분	시 분
종업	시 분	시 분	시 분	시 분	시 분	시 분
휴게 시간	시 분 ~ 시 분	시 분 ~ 시 분	시 분 ~ 시 분	시 분 ~ 시 분	시 분 ~ 시 분	시 분 ~ 시 분

   ○ 주휴일 : 매주 __요일
5. 임 금
   - 시간(일, 월)급 : _____원(해당사항에 ○표)
   - 상여금 : 있음 (   ) _____원, 없음 (   )
   - 기타급여(제수당 등) : 있음 : _____원(내역별 기재), 없음 (   ),
   - 초과근로에 대한 가산임금률:_____ %
     ※ 단시간근로자와 사용자 사이에 근로하기로 정한 시간을 초과하여 근로하면 법정
        근로시간 내라도 통상임금의 100분의 50%이상의 가산임금 지급('14.9.19. 시행)
   - 임금지급일 : 매월(매주 또는 매일) _____일(휴일의 경우는 전일 지급)
   - 지급방법 : 근로자에게 직접지급(   ), 근로자 명의 예금통장에 입금(   )
6. 연차유급휴가: 통상근로자의 근로시간에 비례하여 연차유급휴가 부여
7. 사회보험 적용여부(해당란에 체크)
   ☐ 고용보험 ☐ 산재보험 ☐ 국민연금 ☐ 건강보험
8. 근로계약서 교부
   - "사업주"는 근로계약을 체결함과 동시에 본 계약서를 사본하여 "근로자"의
     교부요구와 관계없이 "근로자"에게 교부함(근로기준법 제17조 이행)
9. 기 타
   - 이 계약에 정함이 없는 사항은 근로기준법령에 의함

                  년   월   일

(사업주) 사업체명 :　　　　　　　　(전화 :　　　　　　)
　　　　　주　　소 :
　　　　　대 표 자 :　　　　　　　　(서명)

(근로자) 주　　소 :
　　　　　연 락 처 :
　　　　　성　　명 :　　　　　　　　(서명)

◁◁ 단시간근로자의 경우 "근로일 및 근로일별 근로시간"을 반드시 기재하여야 합니다.
다양한 사례가 있을 수 있어, 몇 가지 유형을 예시하오니 참고하시기 바랍니다. ▷▷

○ **(예시①)** 주5일, 일 6시간(근로일별 근로시간 같음)
 - 근로일 : 주 5일, 근로시간 : 매일 6시간
 - 시업 시각 : 09시 00분, 종업 시각 : 16시 00분
 - 휴게 시간 : 12시 00분부터 13시 00분까지
 - 주휴일 : 일요일

○ **(예시②)** 주 2일, 일 4시간(근로일별 근로시간 같음)
 - 근로일 : 주 2일(토, 일요일), 근로시간 : 매일 4시간
 - 시업 시각 : 20시 00분, 종업 시각: 24시 00분
 - 휴게 시간 : 별도 없음
 - 주휴일 : 해당 없음

○ **(예시③)** 주 5일, 근로일별 근로시간이 다름

	월요일	화요일	수요일	목요일	금요일
근로시간	6시간	3시간	6시간	3시간	6시간
시업	09시 00분	09시 00분	09시 00분	09시 00분	09시 00분
종업	16시 00분	12시 00분	16시 00분	12시 00분	16시 00분
휴게 시간	12시 00분 ~ 13시 00분	-	12시 00분 ~ 13시 00분	-	12시 00분 ~ 13시 00분

 - 주휴일 : 일요일

○ **(예시④)** 주 3일, 근로일별 근로시간이 다름

	월요일	화요일	수요일	목요일	금요일
근로시간	4시간	-	6시간	-	5시간
시업	14시 00분	-	10시 00분	-	14시 00분
종업	18시 00분	-	17시 00분	-	20시 00분
휴게 시간	-	-	13시 00분 ~ 14시 00분	-	18시 00분 ~ 19시 00분

 - 주휴일 : 일요일

※ 기간제·단시간근로자 주요 근로조건 서면 명시 의무 위반 적발 시 과태료
　(인당 500만원 이하) 즉시 부과에 유의 ('14.8.1.부터)

■ 외국인근로자의 고용 등에 관한 법률 시행규칙 [별지 제6호서식] <개정 2017. 2. 28.>

표준근로계약서
Standard Labor Contract

(앞쪽)

아래 당사자는 다음과 같이 근로계약을 체결하고 이를 성실히 이행할 것을 약정한다.
The following parties to the contract agree to fully comply with the terms of the contract stated hereinafter.

사용자 Employer	업체명 Name of the enterprise	전화번호 Phone number
	소재지 Location of the enterprise	
	성명 Name of the employer	사업자등록번호(주민등록번호) Identification number

근로자 Employee	성명 Name of the employee	생년월일 Birthdate
	본국주소 Address(Home Country)	

1. 근로계약기간	- 신규 또는 재입국자: ( ) 개월 - 사업장변경자: 년 월 일 ~ 년 월 일 * 수습기간: [ ]활용(입국일부터 [ ]1개월 [ ]2개월 [ ]3개월) [ ]미활용 ※ 신규 또는 재입국자의 근로계약기간은 입국일부터 기산함(다만, 「외국인근로자의 고용 등에 관한 법률」 제18조의4에 따라 출국한 날부터 3개월이 지난 후 재입국한 경우는 입국하여 근로를 시작한 날부터 기산함).
1. Term of Labor contract	- Newcomers or Re-entering employee: ( ) month(s) - Employee who changed workplace: from (YY/MM/DD) to (YY/MM/DD) * Probation period: [ ] Included (for [ ] 1 month [ ] 2 months [ ] 3 months from entry date), [ ] Not included ※ For newcomers or re-entering employees, the labor contract will enter into effect from the entry date(but, the contract of employees who re-enter three months after departing from Korea in accordance with Article 18-4 of Act on Foreign Workers' Employment, etc. will enter into effect from the first day of work).
2. 근로장소	※ 근로자를 이 계약서에서 정한 장소 외에서 근로하게 해서는 안 됨.
2. Place of employment	※ The undersigned employee is not allowed to work apart from the contract enterprise.
3. 업무내용	- 업종: - 사업내용: - 직무내용:
3. Description of work	- Industry: - Business description: - Job description:
4. 근로시간	시 분 ~ 시 분 - 1일 평균 시간외 근로시간: 시간 (사업장 사정에 따라 변동 가능) - 교대제 ([ ]2조2교대, [ ]3조3교대, [ ]4조3교대, [ ]기타)	※ 가사사용인, 개인간병인의 경우에는 기재를 생략할 수 있음.
4. Working hours	from ( ) to ( ) - average daily over time: hours (changeable depending on the condition of a company) - shift system ([ ]2groups 2shifts, [ ]3groups 3shifts, [ ]4groups 3shifts, [ ]etc.).	※ An employer of workers in domestic help, nursing can omit the working hours.
5. 휴게시간	1일 분	
5. Recess hours	( ) minutes per day	

210mm×297mm[백상지(80g/㎡) 또는 중질지(80g/㎡)]

6. 휴일	[ ]일요일 [ ]공휴일([ ]유급 [ ]무급) [ ]매주 토요일 [ ]격주 토요일 [ ]기타( )	
6. Holidays	[ ]Sunday [ ]Legal holiday([ ]Paid [ ]Unpaid) [ ]Every saturday [ ]Every other Saturday [ ]etc.( )	
7. 임금	1) 월 통상임금 ( )원 - 기본급[(월, 시간, 일, 주)급] ( )원 - 고정적 수당: (수당 : 원), (수당: 원) - 상여금 (원) * 수습기간 중 임금 ( )원 2) 연장, 야간, 휴일근로에 대해서는 수당 지급	
7. Payment	1) Monthly Normal wages ( )won - Basic pay[(Monthly, hourly, daily, weekly) wage] ( )won - Fixed wages: (fixed wages :)won, (fixed wages :)won - Bonus: ( )won * Wage during probationary employment period: ( ) won 2) Additional pay rate applied to overtime, night shift or holiday work.	
8. 임금지급일	매월/매주 ( )일/요일. 다만, 임금 지급일이 공휴일인 경우에는 전날에 지급함.	
8. Payment date	( ) of every month/every week. If the payment date falls on a holiday, the payment will be made on the day before the holiday.	
9. 지급방법	[ ]직접 지급, [ ]통장 입금 ※ 사용자는 근로자 명의로 된 예금통장 및 도장을 관리해서는 안 됨.	
9. Payment methods	[ ]In person, [ ]By direct deposit transfer into the employee's account ※ The employer will not retain the bank book and the seal of the employee.	
10. 숙식제공	1) 숙박시설 제공 - 숙박시설 제공 여부: [ ]제공 [ ]미제공 제공 시, 숙박시설의 유형([ ]아파트, [ ]단독주택, [ ]연립·다세대 주택, [ ]아파트 또는·주택에 준하는 시설, [ ]그 밖의 임시 주거시설) - 근로자 부담금액: 원 2) 식사 제공 - 식사 제공 여부: 제공([ ]조식, [ ]중식, [ ]석식) [ ]미제공 - 근로자 부담금액: 원 ※ 숙식제공의 범위와 근로자의 비용 부담 수준은 사용자와 근로자 간 협의(신규 또는 재입국자의 경우 입국 이후)에 따라 별도로 결정.	
10. Accommo -dations and Meals	1) Provision of accommodation - Provision of accommodation: [ ]Provided, [ ]Not provided (If provided, type of accommodations: [ ]Apartment, [ ]House, [ ]Multiplex housing unit, [ ]Apartment or House style accommodation, [ ]Other makeshift accommodations) - Cost of accommodation paid by employee: won 2) Provision of meals - Provision of meals: [ ]Provided([ ]breakfast, [ ]lunch, [ ]dinner), [ ] Not provided - Cost of meals paid by employee: won ※ Accommodation arrangement and costs, including the amount paid by employee, will be determined by mutual consultation between the employer and employee (Newcomers and re-entering employees will consult with their employers after arrival in Korea).	

11. 이 계약에서 정하지 않은 사항은 「근로기준법」에서 정하는 바에 따른다.
※ 가사서비스업 및 개인간병인에 종사하는 외국인근로자의 경우 근로시간, 휴일·휴가, 그 밖에 모든 근로조건에 대해 사용자와 자유롭게 계약을 체결하는 것이 가능합니다.

11. Other matters not regulated in this contract will follow provisions of the Labor Standards Act.
※ The terms and conditions of the labor contract for employees in domestic help and nursing can be freely decided through the agreement between an employer and an employee.

년 월 일
(YY/MM/DD)

사용자: (서명 또는 인)
Employer: (signature)

근로자: (서명 또는 인)
Employee: (signature)

2) 표준취업규칙(2019. 3. 21. 기준)

표 준 취 업 규 칙

2019. 10. 24.

- 이 자료는 주40시간제(주5일제)가 적용되는 제조업체를 가정하여 작성한 것이므로 동 자료를 참고하여 사업장의 취업규칙을 작성·변경할 때는 근로기준법 등 노동관계법령에 위배되지 않는 범위 내에서 사업장의 규모나 업무의 특성에 맞게 수정·활용하여야 합니다.

- 또한, 이 자료는 연재까지 개정된 노동관계법령을 반영하였으므로 그 이후의 법령 제·개정에 대해서는 각 사업장에서 제·개정 내용을 확인하여 그 기준에 맞게 취업규칙에 반영하여야 합니다.

- 이 자료에 기재된 필수 근로조건은 관계 법령에 따른 최저기준을 반영한 것이므로, 사업장 상황에 따라 근로자에게 그 이상을 보장할 수 있습니다.

- 취업규칙은 근로자가 자유롭게 열람할 수 있는 장소에 항상 게시하거나 갖추어 두어 근로자에게 널리 알려야 하며, 취업규칙을 작성·변경할 때에는 반드시 근로자 과반수(과반수 노동조합이 있는 경우는 그 노동조합)의 의견을 청취(불이익 변경 시에는 동의)하여야 합니다.

고용노동부

일반 근로자용

조 문 순 서

취업규칙(안)	취업규칙(안)
제1장 총 칙	**제4장 인사**
제1조(목적) [필수] ······ 7	**제1절 인사위원회**
제2조(적용범위) [필수] ······ 7	제13조(인사위원회의 구성) ······ 13
제3조(사원의 정의) [필수] ······ 7	제14조(위원회의 기능) [선택] ······ 14
제4조(차별 금지) [선택] ······ 7	제15조(위원회의 소집 및 운영) [선택] ······ 14
제2장 채용 및 근로계약	**제2절 배치 · 전직 및 승진**
제5조(채용) [선택] ······ 8	제16조(배치, 전직, 승진) [선택] ······ 15
제6조(근로계약) [선택] ······ 8	**제3절 휴직 및 복직**
제7조(수습기간) [선택] ······ 10	제17조(휴직사유 및 기간) [필수, 선택] ······ 15
제3장 복 무	제18조(휴직명령) [선택] ······ 16
제8조(복무의무) [선택] ······ 10	제19조(준수사항) [선택] ······ 17
제9조(출근, 결근) [선택] ······ 11	제20조(복직) [선택] ······ 17
제10조(지각 · 조퇴 및 외출) [선택] ······ 11	제21조(근속기간의 계산 등) [선택] ······ 18
제11조(공민권행사 및 공의 직무 수행) [선택] ······ 12	
제12조(출장) [선택] ······ 12	

취업규칙(안)		취업규칙(안)	
제5장 근로시간		제37조(경조사 휴가) [선택, 필수]	29
제22조(교대근로) [필수]	19	제38조(생리휴가) [필수]	30
제23조(근로시간) [필수]	19	제39조(병가) [선택]	30
제24조(휴게) [필수]	20	제40조(난임치료휴가) [필수]	30
제25조(탄력적 근로시간제) [선택]	20	**제7장 모성보호 및 일·가정 양립 지원**	
제26조(선택적 근로시간제) [선택]	21	제41조(임산부의 보호) [필수]	31
제27조(간주근로시간제) [선택]	23	제42조(태아검진 시간의 허용 등) [필수]	33
제28조(재량근로) [선택]	23	제43조(육아기 근로시간 단축) [필수]	33
제29조(연장·야간 및 휴일근로) [선택, 필수]	24	제44조(육아기 근로시간 단축 중 근로조건 등) [선택]	34
제30조(야간 및 휴일근로의 제한) [필수]	24	제45조(육아휴직과 육아기 근로시간 단축의 사용형태) [선택]	35
제31조(근로시간 및 휴게, 휴일의 적용제외) [선택]	25	제46조(육아시간) [필수]	35
제6장 휴일·휴가		제47조(가족돌봄 등을 위한 근로시간 단축) [선택]	35
제32조(유급휴일) [필수]	26	**제8장 임 금**	
제33조(연차유급휴가) [필수]	27	제48조(임금의 구성항목) [필수]	37
제34조(연차유급휴가의 사용) [선택]	28	제49조(임금의 계산 및 지급방법) [필수]	37
제35조(연차유급휴가의 대체) [선택]	28		
제36조(하기휴가) [선택]	29		

취업규칙(안)

제50조(비상시 지급) [선택]	38
제51조(휴업수당) [선택]	39
제52조(상여금지급) [선택]	38

제9장 퇴직·해고 등

제53조(퇴직 및 퇴직일) [필수]	39
제54조(해 고)	40
제55조(해고의 제한) [선택]	41
제56조(해고의 통지) [선택]	41
제57조(정년) [필수]	42

제10장 퇴직급여

제58조(퇴직급여제도의 설정) [필수]	43
제59조(중도인출) [선택]	43

제11장 표창 및 징계

제60조(표창) [필수]	44

취업규칙(안)

제61조(징계) [필수]	45
제62조(징계의 종류) [필수]	46
제63조(징계심의)	46
제64조(징계결과 통보) [필수]	47
제65조(재심절차) [선택]	47

제12장 교육

제66조(교육시간) [선택]	48
제67조(직무교육) [선택]	48
제68조(장애인 인식개선 교육) [선택]	49
제69조(개인정보 보호교육) [선택]	49

제13장 직장 내 괴롭힘의 금지

제70조(직장 내 괴롭힘 행위의 금지) [필수]	50
제71조(금지되는 직장 내 괴롭힘 행위) [선택]	50
제72조(직장 내 괴롭힘 예방교육) [필수]	51
제73조(직장 내 괴롭힘 예방·대응 조직) [필수]	52

취업규칙(안)	취업규칙(안)
제74조(사전의 접수) [필수] ······ 52	제86조(위험기계·기구의 방호조치) [필수] ······ 58
제75조(사전의 조사) [필수] ······ 53	제87조(보호구의 지급 및 착용) [필수] ······ 59
제76조(피해자의 보호) [필수] ······ 53	제88조(물질안전보건자료의 작성·비치) [필수] ······ 59
제77조(직장 내 괴롭힘 사실의 확인 및 조치) [필수] ······ 54	제89조(작업환경측정) [필수] ······ 59
제78조(고객의 폭언 등에 대한 조치) [선택] ······ 54	제90조(건강진단) [필수] ······ 61
	제91조(산업안전보건법 준수) [필수] ······ 61
제14장 직장 내 성희롱의 금지 및 예방	제16장 재해 보상
제79조(직장 내 성희롱의 금지) [선택] ······ 55	제92조(재해보상) [필수] ······ 62
제80조(직장 내 성희롱 예방교육) [선택] ······ 55	
제81조(직장 내 성희롱 예방지침) [선택] ······ 56	제17장 보 칙
제82조(직장 내 성희롱 발생 시 조치) [선택] ······ 56	제93조(취업규칙의 비치) [선택] ······ 62
제83조(고객 등에 의한 성희롱 방지) [선택] ······ 57	제94조(취업규칙의 변경) [선택] ······ 63
	부 칙 ······ 63
제15장 안전보건	
제84조(안전보건관리규정) [선택] ······ 57	
제85조(안전보건 교육) [필수] ······ 58	

3) 최저임금 공고문

NO. 01 최저임금이 적용되는 사업장과 근로자는 어떻게 되나요?
- 근로자 1명 이상인 모든 사업 또는 사업장에 적용됩니다. 다만, 동거하는 친족만을 사용하는 사업과 가사사용인, 선원법을 적용받는 선원과 선원을 사용하는 선박 소유자에게는 적용되지 않습니다.
- 근로기준법상 근로자(정규직, 파트타임, 아르바이트 학생, 외국인 근로자 등)는 모두 적용됩니다. 다만, 정신 또는 신체장애로 근로능력이 현저히 낮아 고용노동부장관의 적용제외 인가를 받은 자는 적용되지 않습니다.

NO. 02 최저임금액과 다른 금액으로 최저임금액을 정하는 근로자는?
- 수습사용 중에 있는 자(1년 미만으로 근로계약을 체결한 경우 제외)로서 수습을 시작한 날부터 3개월 이내인 근로자는 최저임금액의 10%를 감액하여 지급할 수 있습니다.
- ※ 다만, 단순 노무업무로 고용노동부장관이 정하여 고시한 직종에 종사하는 근로자(한국표준직업분류상 대분류9(단순노무종사자)에 해당하는 사람)는 수습여부·계약기간에 관계없이 최저임금 100%를 지급하여야 합니다.

NO. 03 최저임금에 산입되는 임금과 산입되지 않는 임금은 어떻게 되나요?
- 최저임금에 산입되는 임금은 근로기준법상 임금으로서 매월 1회 이상 정기적으로 지급하는 임금
- 다만, 아래의 임금은 최저임금에 산입되지 않음

① 통화 이외의 것(현물)으로 지급하는 임금

② 소정근로시간 또는 소정의 근로일에 대하여 지급하는 임금 외의 임금
 - 연장근로 또는 휴일근로에 대한 임금 및 연장·야간 또는 휴일근로에 대한 가산임금, 연차 유급휴가 미사용수당, 그 밖에 이에 준하는 것으로 인정되는 임금

③
- ㉠ 1개월을 초과하는 기간에 걸친 해당 사유에 의하여 산정하는 상여금 등의 25%(최저임금 월 환산액 기준)
- ㉡ 식비, 숙박비, 교통비 등 근로자의 생활보조 또는 복리후생을 위한 성질의 임금의 7%(최저임금 월 환산액 기준)
⇒ 위 금액에 초과하는 부분은 최저임금 산입
⇒ 이후 5년에 걸쳐 최저임금에 미산입 되는 비율을 단계적으로 축소 (2024년부터는 전부 산입)
※ '최저임금 월 환산액'이란? 고시된 시간급 최저임금액을 월 단위로 환산한 금액 (1주 소정 근로시간 40시간, 월 환산기준 209시간(유급주휴 8시간)의 경우: 1,745,150원)

〈취업규칙 변경 절차의 특례〉
최저임금에 산입되는 임금에 포함시키기 위하여 1개월을 초과하는 주기로 지급하는 임금을 총액의 변동 없이 매월 지급하는 것으로 취업규칙 변경시 근로자의 과반수(과반수 노동조합이 있으면 그 노동조합)의 의견청취 필요

NO. 04 최저임금액보다 낮은 임금을 지급 받기로 한 근로계약은 유효한가요?

▶ 최저임금액에 미치지 못한 금액을 임금으로 정하였다면 이렇게 정한 임금 부분은 무효이고 최저임금액과 동일한 임금을 지급하여야 합니다.

NO. 05 최저임금 미달 여부의 판단방법은?

▶ 근로자가 매월 1회 이상 정기적으로 지급 받은 임금에서 "최저임금에 산입하지 아니하는 임금"을 제외하고, 일·주·월급의 경우에는 이를 해당기간의 적용 기준 시간으로 나누어 시간당 임금으로 환산한 후 시간급 최저임금액과 비교

※ 월급을 시간급 임금으로 환산시 사용하는 월 적용기준 시간(유급주휴시간 포함)
: 주당 소정 근로시간이 40시간인 경우는 209시간

| 최저임금에 산입되는 임금의 범위 | = | 근로기준법상 임금으로서 매월 1회 이상 정기적으로 지급되는 임금 | − | 이중 최저임금에 산입하지 않는 임금 |

NO. 06 사용자가 근로자에게 반드시 알려주어야 할 사항은 무엇인가요?

▶ 사용자는 ①최저임금액, ②적용제외 근로자의 범위, ③최저임금에 산입하지 아니하는 임금, ④최저임금의 효력발생 연월일을 근로자가 쉽게 볼 수 있는 장소에 게시하거나 그 외 적당한 방법으로 근로자에게 널리 알려야 합니다.

※ 사용자가 근로자에게 최저임금액 등을 알려주지 않을 경우에는 100만원 이하의 과태료가 부과됩니다.

NO. 07 사용자가 최저임금에 미달하여 임금을 지급한 경우 어떤 처벌을 받나요?

▶ 3년 이하의 징역 또는 2천만원 이하 벌금에 처해지거나, 이 두 가지 벌칙을 같이 받을 수 있습니다.

"최저임금 계산법"
소정근로시간이 1주 40시간인 근로자가 2019년 2월 월급 1,975,500원을 받는 경우

월급명세서		최저임금에 산입되는 임금		추려낸 임금을 시간당 임금으로 환산
기본급	1,500,000원	기본급	1,500,000원	1,650,000원 ÷ 209시간
직무수당	150,000원	직무수당	150,000원	≒ 7,895원 < 8,350원
식대	50,000원	상여금	0원*	∴ 최저임금 위반
교통비	50,000원	식대·교통비	0원**	
시간외수당	100,500원	계	1,650,000원	
상여금	125,000원			
급여계	1,975,500원			

※ 상여금은 기본급의 연 100% (1,500,000원을 12개월로 나눠서 매월 지급)

*상여금 125,000원중 2019년 월환산액 1,745,150원의 25% 초과금액

**식대·교통비 100,000원중 2019년 월환산액 1,745,150원의 7% 초과금액

고용노동부고시 제2019 - 43호

2020년 적용 최저임금 고시

「최저임금법」 제10조제1항에 따라 2020년 1월 1일부터 2020년 12월 31일까지 적용되는 최저임금액을 다음과 같이 고시합니다.

2019. 8. 5.

고 용 노 동 부 장 관

1. 최저임금액

업 종 \ 결정단위	시 간 급
모 든 산 업	8,590원

◆ 월 환산액 1,795,310원: 주 소정근로 40시간을 근무할 경우, 월 환산 기준시간 수 209시간(주당 유급주휴 8시간 포함) 기준

2. 최저임금의 사업의 종류별 구분 여부

○ 사업의 종류별 구분 없이 모든 사업장에 동일하게 적용

3. 최저임금 적용 기간: 2020. 1. 1. ~ 2020. 12. 31.

4) 퇴직금 중간정산 신청서

퇴직금 중간정산 신청서

결	담 당	대표자
재		

근 무 지 :
성   명 :
입 사 일 :   년   월   일
정산기간 :   년   월   일 ~   년   월   일
　　　[개월간]

　상기 본인은 위 정산기간에 대하여 퇴직금중간정산을 요청하오니 재가하여주시기 바랍니다.
　또한, 향후 퇴직금 산정을 위한 계속근로년수는   년   월   일자로 새로이 기산됨을 확인하며, 동 건과 관련한 모든 문제에 대하여 본인이 전적으로 책임질 것을 확인합니다.

1. 퇴직금 중간정산 요청 사유서 1부
2. 요청사유를 증빙할 수 있는 서류 1부

　　　　　　　　　　년　월　일

　　　　　　신청자 :　　　　　(인)

　　　　　　○○○ ○ ○ ○ 귀중

5) 사직서

사 직 서

소속부서	담 당			주무부서	담 당			대표자

소 속		직급 / 성명	
주민등록번호		사 번	
입사일자		퇴직일자	
퇴직사유			

서 약 내 용

1. 본인은 퇴직에 따른 업무인수 인계를 최종 퇴사 시 까지 철저히 하고 맡은 바 업무에 책임과 의무를 다하며 재직 시 업무상 지득한 제반 비밀 사항을 누설 시 귀사의 경영에 막대한 손해와 피해를 준다는 사실을 자각하고 일체 이를 누설 하지 않겠습니다.

2. 만일 본인이 상기 사항을 위반하였을 경우 이유 여하를 막론하고 서약에 의거 민·형사상의 책임을 지며 회사에서 요구하는 손해배상의 의무를 지겠습니다.

상기 본인은 위와 같은 사유로 사직을 요청합니다.

20   년   월   일

제 출 자 :   (인)

6) 해고 통보서

해 고 통 보 서

성 명		주민등록번호	
직 책		입 사 일	
주 소			

상기 귀하는 아래와 같은 이유로 인하여   년   월   일자로 해고되므로 이에 통지합니다.

(취업규칙 제00조에 의함)

조 문
업무상 상사의 정당한 지시명령을 모독, 불복하거나 반항 또는 폭행, 협박한 자로서 징계해고 결정이 난 경우 해고할 수 있다.

이 유
귀하는 당사에 입사한 이래 상사의 정당한 지시명령에 불복하는 등의 상 유로   년   월   일 징계위원회결과 일치된 견해로 부득이 귀하를 해고함을 알려드림을 양해바랍니다.

※ 신분증명서, 의료보험증서등 신분에 대한 것, 의복등 대여품의 반환 당사와의 대차 관계의 정산, 업무인계등을 해고일까지 해 주십시오. 기존의 근로에 대한 임금은, 차 후 조속히 지급해 드리겠습니다.

.   .

(주)○○○○○ 대표이사 ○○○

7) 성희롱예방교육 일지

<별첨 1>

교육일지(예시)

교육구분	직장내성희롱 예방교육					
참석인원	구 분	남	여	계	비고 (미실시 사유)	
	대상인원				특휴: 연가:	
	실시인원				교육: 출장:	
	미실시인원					
교육일시	20 년 월 일(요일) : ~ :					
교육장소						
강 사						
교육내용	교육방법			교재		별첨
	1. 직장 내 성희롱 관련 법령 - - 2. 사내 성희롱 발생시 처리절차 및 조치기준 - - 3. 사내 성희롱 피해근로자의 고충상담 및 구제 절차 - - 4. 성희롱 행위자에 대한 징계 조치 - 단체협약, 취업규칙(인사규정)의 징계 양정 - 행위자에 대한 징계절차 5. 양성평등한 직장문화 - 사내 일가정 양립지원제도 설명 6. 질의응답 - - 붙임 1. 참석자 명단 2. 사진, 동영상(별도 첨부)					

7) 성희롱예방교육 참석자 명단

<별첨 2>

교육참석자 명단(예시)

20 년 월 일

교육구분 : 직장 내 성희롱 예방교육

NO	부서	성명	서명	NO	부서	성명	서명
1				21			
2				22			
3				23			
4				24			
5				25			
6				26			
7				27			
8				28			
9				29			
10				30			
11				31			
12				32			
13				33			
14				34			
15				35			
16				36			
17				37			
18				38			
19				39			
20				40			

8) 장애인인식개선교육 일지

<별첨1>

교육일지(예시)		결재			
교육구분		직장 내 장애인 인식개선 교육			
참석인원	구분		비고(미실시 사유)		
	대상인원		특휴:	연가:	
	실시인원		교육:	출장:	
	미실시인원				
교육일시	201 년 월 일(요일) : ~ :				
교육장소					
강사					
교육내용	교육방법		교재	별첨	
	(예시) 1. 장애의 정의 및 장애유형에 대한 이해 - - 2. 직장 내 장애인의 인권, 차별금지 및 정당한 편의 제공 - - 3. 장애인고용촉진 및 직업재활과 관련된 법과 제도 - - 4. 기타 직장 내 장애인 인식개선에 필요한 사항 - - 5. 질의응답 - - 붙임 1. 참석자 명단 　　　2. 사진자료 첨부(권장사항)				

8) 장애인인식개선교육 참석자 명단

<별첨2>

교육참석자 명단(예시)

20 년   월   일

교육구분: 직장 내 장애인 인식개선 교육

연번	부서	성명	서명	연번	부서	성명	서명
1				21			
2				22			
3				23			
4				24			
5				25			
6				26			
7				27			
8				28			
9				29			
10				30			
11				31			
12				32			
13				33			
14				34			
15				35			
16				36			
17				37			
18				38			
19				39			
20				40			

2. 최근 변경 노무제도 요약정리표

제도	변경내용	시행일
연차유급휴가	1년 미만 기간 중에 연차휴가를 사용하더라도, 다음해 연차휴가에서 차감할 수 없음	2018.5.29
육아휴직	연차휴가 산정시 육아휴직기간도 출근으로 간주함	2018.5.29
성희롱예방교육	성희롱예방교육 미실시에 대한 벌칙이 강화됨 (과태료 최대 300만원 → 과태료 최대 500만원)	2018.5.29
장애인인식개선교육	장애인인식개선교육 미실시에 대한 처벌규정 신설됨 (과태료 최대 1,000만원)	2018.5.29
감정노동자보호교육	산업안전보건교육중 감정노동자보호교육 미실시에 대한 처벌규정 신설됨 (과태료 최대 1,000만원)	2018.10.18
직장내 괴롭힘 금지법	근로기준법 개정, 취업규칙 변경, 성희롱예방교육과 병행교육 실시	2019.7.16

제도	변경내용	시행일
단순노무직 최저임금보장	단순노무직은 수습기간 중에도 최저임금 100% 적용	2018.3.20
초단기근로자 고용보험 의무가입	주 15시간 미만의 초단기근로자도 3개월 이상 근무시 고용보험 가입	2019.1.1
최저임금	2019년 최저시급 8,350원 최저임금 수당 산입범위 확대 (정기상여금 25%, 복리후생비 7% 초과분)	2019.1.1
출퇴근재해	출퇴근중 발생하는 사고에 대해 산업재해가 인정됨	2018.1.1
일자리안정자금	월보수액 210만원 미만 근로자에 대해 지원금 지급, 월 13만원 5인미만 사업장은 월 15만원 지급	2019.1.1

이 책의 주요 내용은 유튜브 채널
[최대표 TV]에서 다시 확인할 수 있습니다.

사장이 꼭 알아야 하는 30가지 노무 이야기

초판 1쇄 펴냄 2019년 12월 15일

지은이	최종국
펴낸이	최나미
편집	김동욱
표지디자인	이솔이
본문디자인	진아라
경영지원	고민정

펴낸곳	한월북스
출판등록	2017년 7월 13일 제 2017-000007호
주소	서울특별시 강남구 광평로 56길 10, 광인빌딩 4층 (수서동)
전화	070-7643-0012
팩스	0504-324-7100
이메일	hanwallbooks@naver.com
ISBN	979-11-961945-5-0

- 책값은 표지 뒤쪽에 있습니다.
- 잘못 만들어진 책은 바꾸어 드립니다.
- 이 책 내용의 전부 또는 일부를 재사용하려면 반드시 저작권자와 한월북스 양측의 동의를 받아야 합니다.
- 이 도서의 국립중앙도서관 출판예정도서목록(CIP)은 서지정보유통지원시스템 홈페이지(http://seoji.nl.go.kr)와 국가자료공동목록시스템(http://www.nl.go.kr/kolisnet)에서 이용하실 수 있습니다. (CIP제어번호: CIP2019026132)